U0454310

ROLF   HEINZ
MORRIEN   VINKELAU

ALLES, WAS SIE ÜBER
PETER LYNCH
WISSEN MÜSSEN

彼得·林奇
投资精要

[德] 罗尔夫·莫里安
[德] 海因茨·温克劳
_著

赵禹霏 _译

中信出版集团 | 北京

图书在版编目（CIP）数据

传奇投资人的智慧.彼得·林奇投资精要 /（德）罗尔夫·莫里安,（德）海因茨·温克劳著；赵禹霏译. --北京：中信出版社, 2022.3
ISBN 978-7-5217-3986-2

Ⅰ.①传… Ⅱ.①罗… ②海… ③赵… Ⅲ.①投资－基本知识 Ⅳ.① F830.59

中国版本图书馆 CIP 数据核字 (2022) 第 023455 号

Author: Rolf Morrien, Heinz Vinkelau
Alles, was Sie über Peter Lynch wissen müssen: Der erfolgreichste Fondsmanager aller Zeiten auf gerade mal 100 Seiten
© 2019 by FinanzVerlag, an Imprint of Muenchner Verlagsgruppe GmbH, Munich, Germany
Chinese language edition arranged through HERCULES Business & Culture GmbH, Germany
Simplified Chinese translation copyright 2022 by CITIC Press Corporation
ALL RIGHTS RESERVED
本书仅限中国大陆地区发行销售

传奇投资人的智慧.彼得·林奇投资精要
著者： 〔德〕罗尔夫·莫里安 〔德〕海因茨·温克劳
译者： 赵禹霏
出版发行：中信出版集团股份有限公司
　　　　　（北京市朝阳区惠新东街甲 4 号富盛大厦 2 座　邮编　100029）
承印者： 北京启航东方印刷有限公司

开本：880mm×1230mm 1/32　　　印张：36　　　　字数：457 千字
版次：2022 年 3 月第 1 版　　　　印次：2022 年 3 月第 1 次印刷
京权图字：01-2021-5714　　　　　书号：ISBN 978-7-5217-3986-2
定价：294.00 元

目 录

▶ **清单**
彼得·林奇的 25 条黄金法则

序 言　　彼得·林奇股票投资"三步走"

——刘建位　彼得·林奇作品《彼得·林奇的成功投资》、《战胜华尔街》译者,《巴菲特选股10招》作者

彼得·林奇是美国有史以来最成功的基金经理,他称得上美国本土基金经理第一人,美国成长投资基金经理第一人,美国灵活投资基金经理第一人。他管理的麦哲伦基金,从规模增长和业绩增长两方面均有令人惊叹的卓越成绩。

先看规模增长。林奇1977年接手麦哲伦基金的时候,麦哲伦基金的资金规模只有0.2亿美元,1990年他退休的时候,其资金规模达到140亿美元,13年增长到70倍,是当时美国乃至全世界规模最大的公募基金。

再看业绩增长。林奇管理麦哲伦基金13年,

累计收益率高达 27 倍，你一开始投入的每 1 元钱，林奇都能给你增值到 28 元。这是同期最好的投资业绩，也是有史以来最出色的公募基金业绩，至今无人超越。

我在 10 多年前翻译了《彼得·林奇的成功投资》，后来也一再重读。按照我的理解，彼得·林奇的股票投资策略可以总结为"三步走"：

先工作能温饱——稳定压倒一切；

后选股奔小康——寻找 10 年 10 倍股；

再长投求富裕——长期持有不动摇。

第一步，先工作能温饱——稳定压倒一切

林奇认为，在做股票投资之前要先做好充分的准备。投资者在研究公司、股票之前，先要研究自己的实际情况。你首先要问自己三大问题：我买了一套房吗？我存够了未来必须要用的钱吗？我学习了股票投资成功所必需的相关知识技能吗？你未来

做股票投资，长期业绩是好是坏，主要取决于你的这三项准备工作做得如何。有房子住，你的身体安定下来了。有钱花，你的心理安定下来了。有基本的投资知识和技能，你出手进行投资操作时就不会慌乱了。

与这三项准备工作对应是三条投资戒律：第一，再亏钱，再赚钱，房子不能动；第二，再亏钱，再赚钱，未来五年必定要花的钱不能动；第三，别人做股票投资再赚钱，你不懂分析公司，不懂分析股票，就不要进入股市。打个比方，你如果不会打球，为什么要下场参加比赛呢？新手和老手比赛投资，是为了送钱给别人吗？

那么，怎样才能学会股票投资呢？跟彼得·林奇学。他的书是最好的股票投资入门书。有的朋友可能会问我，你不是最崇拜巴菲特吗？是的。但是学巴菲特的股票长期投资，难度大得多。先学林奇，等你赚的钱更多了，投资经验更多了，投资能力更高了，投资定力更强了，再学巴菲特。

跟林奇学什么？学选股。林奇的选股策略是什么？一句话：寻找10年10倍股。林奇如何寻找10年10倍股？也是一句话：增长是硬道理。但是你要先做好准备，先解决温饱问题，有了闲钱之后再做股票投资。稳定压倒一切。

可能有的朋友会说：你搞错了吧？应该先是"发展是硬道理"，之后才是"稳定压倒一切"。我年轻，输得起，应该用手中的钱先做股票投资，快速赚到大钱，一下子从追求温饱跨越到实现小康。

我理解这样的想法，我年轻过，也曾经觉得自己的钱不够多，想进入股市投资股票，快速赚上一大笔钱，足够我买上一套好房子，过上好日子。用一句流行的话说，我以为股市就是我的提款机。

在证券行业工作了20多年，我渐渐明白了，其实林奇的意思是，你还是应该把主要精力放在你擅长的工作上，攒钱买房，攒钱养家，有了房子住，有了积蓄，能维持正常的生活，温饱问题完全有保证了，剩下的一些闲钱，才能用来投资股票。

原因很简单，工作赚钱肯定不容易，但股票投资赚钱也不容易，往往更不容易。对于大部分人来说，能精通自己本行业的工作就很不容易了，还要在业余时间努力成为股票投资的好手，更加不容易。俗话说，十个人投资股票，七赔二平一赚。这句话并不一定绝对准确，但靠股票投资赚钱确实不容易。就别说股票投资了，你想想，几乎人人都会打麻将、斗地主，有几个人靠这个长期持续赚钱，赚到足够多的钱买房买车呢？我告诉你，股票投资可比打麻将和斗地主复杂多了。很多人在进入股市时以为，股市是自己的提款机，结果后来才发现，自己和大多数短线投机客一样，都是股市的提款机。

　　所以，林奇说的是对的，为了保险起见，你最好还是存够了钱，买了房，买了车，成了家，温饱无忧之后，再试着用长期不用的闲钱进行股票投资。

第二步，后选股奔小康——增长才是硬道理

林奇如何寻找 10 年 10 倍股？答案是，增长才是硬道理。

林奇说过，他的选股策略其实就是坚信一条古老的基本原则：公司盈利持续增长，其股价长期来看就会持续上涨。一家公司开拓新的业务、新的市场，销售持续增长，盈利持续增长，其股价也会相应随之持续上涨。一家原本陷入困境的公司经营好转，销售转为持续增长，盈利转为持续增长，其股价也会随之持续上涨。林奇说，在他的投资组合中，一只典型的大牛股，一般要经过 3~4 年，甚至更长的时间，才能显示出英雄本色，股价涨幅逐步反映出盈利的涨幅。简单地说，盈利 10 年增长 10 倍，就会推动股价 10 年增长 10 倍。

林奇和巴菲特一样，一再提醒我们，股票就是企业股权凭证，买股票其实就是买企业，而买企业就是买增长，买企业盈利增长，买股东分红增长。

企业的大部分盈利不分配，留在企业里，相当于股东追加投资，推动企业再投资、扩大业务，推动企业规模和盈利进一步增长。这样越滚越大，盈利成倍增长，推动股价长期内随之成倍增长。

一图胜千言。林奇喜欢用股价线与收益线并列的走势图来对比分析一家公司过去 10 年甚至 30 年的股价与收益，让人们一看就能明白他的选股道理。

我们多看一些股价线与收益线并列的走势图，就会发现，股票的股价线和收益线的波动是并驾齐驱的。股价线即使一度大幅偏离收益线，之后也会迟早回到和收益线保持一致的大趋势上。长期来看，最终决定一只股票股价走势的还是收益。公司收益的变动，最终决定股价的变动。虽然可能存在少数例外，但是对于绝大多数股票来说，股价随着收益的波动而波动，这几乎是一个普遍规律。

所以我简单地归纳：对于股票投资来说，收益增长才是硬道理。

讲完了道理，我们再讲两个实例：两只超级大牛股。

美国乃至全球第一大市值的股票是苹果。截至2005年9月24日，苹果公司的2004财年净利润为13亿美元，截至2021年9月25日，2020财年的净利润为947亿美元。16年累计增长70多倍。我一查年报，2005年3月26日，苹果股票的总市值为294亿美元，2020年3月26日，苹果股票的总市值为2万亿美元，累计增长67倍。过去15年，苹果公司的股价增长幅度与收益增长幅度大致相同。

中国股市第一大市值的股票是茅台。截至2004年12月31日，茅台公司2004财年的净利润为8.5亿元，截至2020年12月31日，2020财年的净利润为495亿元。16年累计增长57倍。我一查，2004年12月31日，茅台股票收盘价为每股37元。2020年12月31日，茅台股票收盘价为每股 1 998 元，累计增长 53 倍。过去 15 年，茅台公司的股价增长幅度与收益增长幅度大致相同。

当然，为了简化，我没有复权，少算了很多。

准确的算法是，2004 年 12 月 31 日，茅台股票的收盘价为每股 37 元，总股本为 39 325 万股，总市值为 146 亿元。2020 年 12 月 31 日，茅台股票的收盘价为每股 1 998 元，总股本为 125 620 万股，总市值为 2.5 万亿元，市值累计增长超过 170 倍。

用总市值除以总盈利，就能算出茅台股票的市盈率，2004 年年底为 17 倍，2020 年年底为 50 倍，估值水平涨到近 3 倍。所以，即使未来 15 年茅台公司的盈利再增长 60 倍，如果同期用市盈率代表的估值水平下降一半，那么你也只能赚到 30 倍。

这正是林奇说的，成长性再好的公司，如果你买入的股票市盈率太高，你也赚不到大钱。

简单地说，盈利增长代表质量，市盈率水平代表价格，质优还要价平。

那么，哪些股票容易价格过高呢？当然是人人关注的热门股。哪些股票容易价格过低呢？当然是无人问津的冷门股。

判断一只股票的质量优不优，关键要看你懂不懂这家公司的业务。林奇在一次著名的演讲中说，对于那些生物技术和新能源之类的高科技企业，即便是同专业的博士甚至博导也看不准，但是像美国人天天吃的甜甜圈，这种业务谁都能看懂。从1982年到1986年的4年间，卖甜甜圈的连锁甜品店唐恩都乐的股票涨了6倍。主要卖牛仔裤的GAP公司的股票价格截至1987年最高涨了25倍。所以林奇强调，只买你真正了解其业务的股票。不懂不买，不要盲目跟风去买自己根本不懂的热门股。

买股票和生活中买房、买大家电一样，关键看性价比。判断一只股票的价格平不平，林奇认为，关键的估值指标是市盈率（PE）以及市盈率与增长率的比率（PEG）。这些指标的计算并不复杂，这里我不用细说，关键是你能不能把握住自己。再好的公司，价格太贵就不值得买，如同再好的房子，房价太贵就不值得买。

代表公司盈利水平的每股收益，只是一个结果，你还要综合分析决定最终盈利的相关财务指标。林奇列出了一系列重要财务指标，你需要一一仔细查看：主要产品销售收入占比、隐蔽资产、养老金、负债、股息、现金流、增长率、市盈率等等。就像招聘员工一样，不能只看学历，还要看好多相关的重要因素和指标。追求公司每股收益高增长，也不能只看增长速度，还要看增长质量，以及公司的整体协调情况。

要分析公司，你首先要搜集整理公司的相关信息。现在有了网络，有了微信，查找公司公开披露的年报、季报等信息非常方便，查找很多券商的分析报告也非常方便。但是，林奇还是建议你进一步寻找更有深度的信息。

一是打电话给你开户的券商营业部，找到你的投资顾问或者理财经理，按照你列的问题清单，询问与你关注的个股相关的信息，请他从专业的角度帮你分析一下。

二是打电话给你关注的上市公司证券代表或者董事会秘书，在你阅读公司年报的基础上，进一步了解年报上没有披露的信息。

光打电话还不行，有机会你可以去上市公司实地调研。林奇就经常出差，到上市公司调研。当然，基金经理有个好处，上市公司的高管有时会拜访大型基金公司，主动上门交流。有的券商研究所也会定期组织上市公司交流会。

不过，还有一种实地调研，就是到市场上实地调研公司的产品和服务，这一点业余投资者更有优势，因为券商研究员和基金经理实在太忙了，忙得没有时间享受生活，而业余投资者在生活中消费的产品和服务，多数是由上市公司生产提供的，消费过程就是最好的调研。林奇找到的 10 年 10 倍股，多数是从日常生活中发现的。他发现妻子喜欢买 L'eggs 连裤袜，从而找到其生产商恒适（Hanes）公司，这家公司的股票价格后来最高涨到 6 倍。他还发现妻子喜欢 The limited 品牌的女装，从而找到这家服装生产企业的牛股，这只股票从 1979 年 12 月的每股不足 0.5 美元，到 1983 年的每股 9 美元，价格上涨近 20 倍，到 1987 年，又在此基础上最高上涨了 5 倍，累计上涨近 100 倍。林奇在出差时专门到连锁酒店 La Quinta 住了三个晚上，以此来调研这家公司，从 1973 年到 1983 年，这家公司的股票价格在 10 年间上涨了 10 倍。

只有从日常生活中寻找，才能提前找到市场还没有关注的优秀企业，才能以合理甚至被低估的价格买到高质量股票。只有实地调查研究，才能获得最真实可靠的信息。

在公司调研方面，基本上可以说没有比彼得·林奇更加勤奋的基金经理了。他估计自己一年的飞行里程有 16 万公里，每年拜访交流的上市公司有 500 多家，每个月电话调研超过 2 000 次。林奇在

1990 年退休时才 46 岁，但已经白发苍苍。没有人能够轻轻松松投资成功，像林奇这样有天赋的人也是如此。林奇曾说："如果你自己不对上市公司进行调查研究，进行仔细的基本面分析，那么你电脑上装再多的股票分析软件和信息服务系统也没有用。"

林奇在他的第二本书《战胜华尔街》中总结了他的选股方法："我的选股方法是艺术和科学，再加上调查研究，20 年来，始终不变。"

学习了林奇的选股思路之后，你可能对如何选股有了一个大概的认识。但是，会选股了，选到好股了，并不能保证你赚到大钱。要想通过投资赚到较高的收益率，让你晚年享受到富裕的生活，只靠选股不行，还要靠合理组合，长期持有。

第三步，再长投求富裕——长期坚持不动摇

我在证券行业待得久了，才明白坚持不动摇、长期持有这件事多么重要。光是选对股票还不行，

还要拿得住。只有长期拿得住，才能赚到大钱。因为你发现的质优价平的好股票，往往是因为被市场忽略，才会被过度低估的，而市场上大多数投资人认识到这一点，往往需要三四年甚至更长的时间。所以你一般需要耐心持有三四年。

彼得·林奇说，尽管他每天都买入和卖出股票，但是让他赚钱最多的股票，是他长期持有了3年甚至4年的股票。那些让他赚了大钱的大牛股往往出乎他的意料。要获得很高的投资收益，需要耐心持有股票好几年，仅持有几天或几个月并不行。

你首先要能够坚定持有股票10年，才有可能像林奇那样得到10年10倍的收益。

但是，股市在不停地变化，公司在不停地变化，未来是不确定的，我们对于个股的分析预测未必是正确的。所以我们既要有选股信心，又要有组合投资的风险意识，只有这样才能做到长期投资不动摇。

长期投资组合的关键是以下三点：

第一，要集中投资。

业余投资者应该尽可能地集中投资于符合以下两个条件的高质量股票：一是你由于个人工作和生活的经验对这家公司有特别深入的了解，二是你通过一系列选股标准进行检查，发现这家公司具有令人兴奋的长期增长前景。选股的数量多少不重要，关键是质量是不是足够高。

其次，要适当分散。

尽管要集中投资，但你不能把资金都押到一只股票上。对个人的小型投资组合来说，3~10 只股票是较为合理的。你的目标如果是寻找 10 年 10 倍股，那么，你持有的股票越多，出现一只 10 年 10 倍股的可能性越大，因为"到底哪家公司发展得最好"这个问题的答案往往出乎意料。另外，你持有的股票越多，在不同的股票之间根据性价比调整配置的弹性空间就越大。

林奇在做基金经理的时候，主要的目标是寻找

10 年 10 倍股，以企业盈利和增长速度为核心，坚持增长才是硬道理，把企业划分成六类，分散投资，均衡配置。这六类包括：

- 缓慢增长型股票，低风险低收益，配置 0，即从来不配。

- 稳定增长型股票，中风险中收益，配置 10%~20%。

- 快速增长型股票，高风险高收益，配置 30%~40%，从不超过 40%。

- 周期增长型股票，风险与收益情况不确定，周期判断得准确，就会是低风险高收益，周期判断出错，就会是高风险低收益，配置 10%~20%。

- 困境反转型股票，高风险高收益，配置 10%~20%。

- 隐蔽资产型股票，高风险高收益，配置 10%~20%。

彼得·林奇最多同时持有 1 400 只股票，按照资金分配情况，大致可以分成三类：50% 的资金集中投资于前 100 只股票，30%~40% 的资金投资于另外 200 只股票，剩下 1% 的资金投资于剩余所有股票，剩余的这些股票当下只能算二流投资机会，但以后有可能变成一流投资机会。林奇会定期监测，不断替换。

林奇退休之后，个人追踪的股票减少到 50 只左右。我们业余投资者的投资水平和投资能力肯定不如林奇，追踪 20~30 只股票就很多了。

第三，要适当调整。

林奇永远满仓，一般不会卖出股票换成现金，只会换股，即卖出一只股票，换成另一只股票。林奇会分析企业基本面的变化，与股价市场面的变化进行对比，将现有个股替换成性价比更高的个股。

很多人喜欢卖出账面上赚钱的股票，保留亏钱的股票。也有人采取正好相反的策略。而林奇认为，这两种做法都只看价格变化，不看价值变化。正确的做法是，综合分析企业基本面的变化和股价市场面的变化，卖出企业基本面恶化而股价市场面上涨的个股，换成企业基本面好转而股价市场面下跌的个股。

你只有充分了解基本面，才会有坚定的长期持有的信心。正确的投资信念是：我的股票价格下跌1/4，我就要追加买入。错误的投资信念是：我的股票下跌1/4，我就会卖出。

不过，要把握买入和卖出的最佳时机，确实不容易。买入的最佳时机，当然是你发现了一只质优价平的股票。卖出的最佳时机与之类似，如果一只股票不值得买入，也就意味着它值得卖出了。

总结：彼得·林奇股票投资"三步走"

第一步，先工作能温饱——稳定压倒一切。先好好工作，攒钱买房，适当储蓄，满足未来基本的重大支出需求，在完全解决温饱问题之后，如果有长期不用的闲钱，再拿来长期投资股票。

第二步，后选股奔小康——增长才是硬道理。选股要选 10 年 10 倍股，关键看增长，只要公司盈利 10 年增长 10 倍，股价就会随之 10 年增长 10 倍。同时也要注意股价的估值水平不能过高。简单地说，既要质优还要价平。10 只股票中能有一两只 10 年 10 倍股，即使其他股票不赚钱，也能让你整体赚上一两倍，大大加快你奔小康的速度了。

第三步，再长投求富裕——长期坚持不动摇。长期投资，做好组合是关键。首先要集中投资质优价平的高质量个股，同时适当分散持有 10~20 只个股，在六个类型之间要均衡配置。平时定期追踪股票，根据企业基本面与股价市场面的相对变化，卖出性价比变低的个股，替换成性价比变高的个股。短线操作看似赚钱容易，长期下来几乎无人能赚钱。唯一可行的投资方法，就是选优质股，集中投资，合理分散，长期持有。没有人能够随随便便成功，股票投资和其他行业一样，你需要付出长期的努力。

可以说，彼得·林奇是现代股市有史以来最成功的基金经理之一。谈到投资时，他说："投资很有趣，真的很有意思。在这方面了解得越多，就越能获得丰富的经历。"[1]

成功的投资并不是秘密。我们在"传奇投资人的智慧"系列图书中介绍的投资策略都非常简单，完全取材于彼得·林奇、沃伦·巴菲特、查理·芒格等人的投资经历。你只需要理解书中所讨论的策略的运作原理，然后坚持将这些理论知识付诸实践。

在本系列图书中，我们均从传奇投资人的人生经历起笔。你很快就会发现，早年生活往往造就了这些人后来的投资成就。沃伦·巴菲特的童年逸事几乎成为经典：小沃伦带着一个硬币自动兑换器在自家附近走来走去，以每瓶5美分的价格兜售可口可乐。而在此之前，他在祖父的杂货店以25美分的价格批发6瓶装的可口可乐。他是这样计算的：投资25美分，目的是获得30美分的收入（5美分/瓶 × 6瓶），这样利润率可以达到20%。相传，正是这20%的利润率影响了他的一生。巴菲特在做生意的过程中一直追求这样的利润率，而他的确做到了。

虽然我们无法复制传奇投资人的童年经历，但是你可以通过这套系列图书了解他们是如何实现自身的个性发展的。然后，我们将向你介绍他们的投资成功案例以及投资策略，正是这些策略使彼得·林奇、巴菲特以及其他传奇投资人如此成功。

在过去几年、几十年或几个世纪里，已经有十几位投资高手找到了成功的路径，你为何还要尝试"发明"一种全新的、未经检验的投资策略？模仿投资高手的基本策略并不是什么不光彩的事情，相反，识别、理解和成功实践这些策略已经成为一门艺术。另外，你如果仅仅依靠自己的想法，而忽视成功投资人的见解，就很容易重复别人已经犯过的错误，甚至会在某些时候进入死胡同。向最好的榜样学习，可以避免走弯路。

这并不意味着要在所有事情上都复制成功投资人的决策，而是要求你理解他们的决策过程和决策本身。特兰·格里芬在其著作《查理·芒格的原则》中这样写道：

> 就像没有人可以成为第二个沃伦·巴菲特一样，也不会有人成为第二个查理·芒格。我们不必像对待英雄那样对待任何人，而是要考虑芒格是否像他的偶像本杰明·富兰克林那样拥有我们想要效仿的素质、特质、投资体系或生活方式，即使只有部分值得借鉴。同样的方法也可以解释芒格为什么会阅读数百部人物传记。从他人的成败中吸取经验教训是最快的学习方式之一，可以让自己变得更加聪明，却不必忍受很大的痛苦。

如果你在选择股票时能够将本书中介绍的彼得·林奇的投资策略付诸实践，你就走上了正确的道路。林奇坚信，通过他的方法，普通人也可以像一些专业人士那样，轻而易举地在股市中获利：

尽管很多人并不相信，可是一般的投资者都具备在股市中获得成功的必要条件。此外，我还认为业余投资者具备大部分股市专业人士不具备的优势，因为最好的投资机会都出现在现实生活中，而不是在股票市场里。[2]

我们希望你喜欢本书，并预祝你今后在股市中财源广进。

海因茨·温克劳

罗尔夫·莫里安

第一部分

**彼得·林奇：
热爱股票的一生**

我的一生是怀揣热爱的一生——对股票的热爱。[3]

在波士顿的童年和青年时期

（1944—1960）

1944 年 1 月 19 日是一个寒冷的冬日，彼得·林奇在波士顿的一家医院中降生。彼时，人们不曾想到，这个小男孩会在日后成为有史以来最伟大的股市传奇人物之一。

事实上，林奇是在成年后才成为一名成功的基金经理的。人们对他的狂热崇拜常常让他感到不自在，他本人十分抗拒类似于"超级传奇彼得·林奇"[4]这样的称号。他坚信，即使是业余人士也可以不费吹灰之力地在股市中大放异彩。"天生的投资家只会出现在童话故事里。"[5]为了避免自己的畅销书《彼得·林奇的成功投资》看起来像一个传奇故事，他在书的开头就写道："我的摇篮上没挂过什么股票自动行情报价机，我也没有天生聪明早慧，小时候也没有对报纸上的股票信息展现出兴趣，我不像球王贝利那样小时候就显现出足球天赋。"[6]

这倒也不足为奇，因为林奇的家人就亲身经历了股市崩盘，以及20世纪20年代末的全球金融危机，他们从骨子里拒绝任何股市投机行为。"在亲身经历了1929年的'黑色星期四'之后，我们家没有人愿意了解任何与股票相关的事情。"[7]即便战后的美国股市形势大好，投资股市在林奇家仍然是一种禁忌。"用我叔叔的话讲，这简直和在某个黑暗的街角偷偷赌博没什么两样。"[8]

彼得·林奇7岁的时候，他的父亲患了脑瘤，三年之后离开了人世。林奇的父亲生前是波士顿学院的数学教授，后来在一家会计师事务所担任合伙人。一家之主去世后，林奇家的生活变得艰难起来。他的母亲在一家工厂找了一份工作，彼得也从昂贵的私立学校转学到了一家公立学校。[9]

为了改善家庭的经济状况，林奇在波士顿郊区的布雷伯恩高级高尔夫球俱乐部找了一份球童的工作。现在回想起来，这份临时工作为林奇日后成为股市专业人士奠定了绝佳的基础。"我在帮富达投资公司的总裁乔治·沙利文找球的时候，也找到了一份属于自己的职业。……如果一个人想在股票行业当学徒，高尔夫球场就是证券交易所以外的最佳去处。"[10]

在波士顿和费城的大学时期以及在韩国服兵役时期（1961—1969）

球童这份工作不仅唤起了林奇对于股市的兴趣，还为他赢得了弗朗西斯·乌伊梅球童奖学金，该奖学金以1913年首位赢得美国高尔夫球公开赛的业余选手的名字命名。[11] 林奇用奖学金加上做球童的收入完成了高中学业，随后进入波士顿学院和位于费城的沃顿商学院继续学习。[12]

尽管做球童时林奇得到了不少内部消息，但是直到19岁那年他才买入人生中的第一只股票。"1963年，也就是在波士顿学院的第二年，我以每股7美元的价格买入了人生中第一只股票——飞虎航空股票。……在高尔夫球场上听到了那么多消息，我终于攒够了钱，可以学以致用、真正开始投资了。"[13]

越南战争的爆发极大地增加了市场对航空运输的需求，飞虎航空股票涨势大好。"飞虎航空向东南亚国家运送部队和物资。股票价格上涨了10倍！"[14] 在随后的两年，这只股票涨势极好，林奇可以渐渐卖出部分股票，用丰厚的收益来支持学业。"换句话说，我用'飞虎奖学金'支付了一部分学费。"[15]

在波士顿学院学习期间，林奇选修了古希腊历史、宗教和哲学等人文学科，反而尽量避开数学、会计和工商管理等科目。"现在回想起来，学习历史和哲学毫无疑问比学习统计学之类的学科可以更好地让人们为进入证券行业做准备。证券交易是一门艺术，而非科学。"[16]

波士顿学院的学业结束后，林奇去了费城著名的沃顿商学院。在此之前，林奇在做球童时结识了乔治·沙利文，后者建议他申请富达投资公司的暑期实习。林奇在众多申请者中脱颖而出，获得了实习机会。"这是一家备受赞誉的投资公司，每个希望从事金融行业的人都梦想着在富达投资公司工作。仅仅 3 个暑期职位就吸引了足足 100 个人来申请。"[17] 实习要求很高，基本相当于一般分析师的工作。"我当时的工作涉及报纸和出版行业，我需要去全国各地出差，做索格报业集团、国际教科书公司等公司的企业调研。"[18]

在沃顿商学院学习的两年中，林奇在校园里结识了未来的妻子卡罗琳。完成工商管理硕士学业后，他开始服兵役。作为炮兵部队的少尉，一开始他被派往得克萨斯州，后来又被调到韩国。"在韩国唯一令人烦恼的就是我待的地方离股票交易所太远了，据我所知，首尔没有股票交易市场。在这段时间里，我一直因为远离股票交易所而感到痛苦。"[19]

在富达投资公司担任证券分析师和基金经理

（1969—1990）

1969 年，兵役结束后，林奇开始在富达投资公司担任证券分析师，负责金属、矿业以及纺织和化学等领域的投资。彼时，他的年收入达到了1.6 万美元，作为起步工资，这个数字着实让人羡慕。[20] 你可以这样比较一下，在那个时候，一位美国教师的年收入大约为 8 000 美元。[21]

1974 年 7 月，林奇成为证券分析部负责人，之后，于 1977 年 5 月开始掌管富达麦哲伦基金。这是彼得·林奇基金经理职业生涯崛起的开始。

1963年，麦哲伦基金由内德·约翰逊创立，原名富达国际基金。

1966年，富达麦哲伦基金总额达到2 000万美元。

1976年，由于资本流出，资产总额减少至600万美元，富达麦哲伦基金举步维艰。

1976年，富达麦哲伦基金与资产总额为1 200万美元的埃塞克斯基金合二为一，后者同样陷入了发展困境。

1977年，林奇临危受命，出任富达麦哲伦基金经理。麦哲伦基金不再对投资者开放。

"我深信，我工作前4年的蛰伏，与其说是诅咒，不如说是一种福气。我因此有机会了解业务，也可以不在大家关注的目光下犯错误。"[23]

1981年，麦哲伦基金与斯莱姆基金合并，重新对公众开放，资产总额超过1亿美元。此时基金资产投资于200只不同的股票，规模在所有股票基金中排在倒数的1/5。

1982年，林奇参加了《鲁凯泽脱口秀》节目，并回答了有关麦哲伦基金的问题，随后引发了投资热潮。1982年年底，麦哲伦基金资产总额达到了4.5亿美元。这段时间里，林奇将投资重点放在了汽车股（主要是克莱斯勒）上。

1983年4月，麦哲伦基金资产总额达到10亿美元，分别投资于450只不同的股票。同年年底，基金资产总额达到16亿美元，投资组合超过900只股票。

1984年，麦哲伦基金资产总额突破20亿美元大关。林奇将越来越多海外股票（比如沃尔沃、标致、斯堪的亚、易达、伊莱克斯、海德鲁以及近畿日本铁道）纳入麦哲伦投资组合中。

"除了约翰·邓普顿，我应该是第一位着力投资海外股票的美国基金经理了。"[24]

1985年，又有17亿美元资金流入麦哲伦基金。

1986年年初，麦哲伦基金资产总额突破50亿美元大关，其中20%为海外股票。

1987年5月，麦哲伦基金资产总额达到100亿美元，8月达到110亿美元。1987年10月，股市大调整使得该基金资产总额锐减至72亿美元。1987 年秋天，麦哲伦基金由 1 500 只不同的股票构成。[25]

"1987 年结束的时候，我高兴极了。我胜利了，我把麦哲伦基金的收益提高了 1%，并保持了连续 10 年的盈利。"[26]

1988 年，麦哲伦基金收益率达到了 22.8%。

1989 年，收益率甚至达到了 34.6%。

"我也因劳累而感到筋疲力尽，我想花更多时间和我太太在一起，而不是和房利美（一家美国上市金融公司）在一起。"[27]

1990 年 5 月底，彼得·林奇辞去基金经理一职。麦哲伦基金当时的资产总额为 140 亿美元，其中 14 亿美元为现金资产。麦哲伦基金已经成为全美规模最大的基金。

退出股市业务，投身慈善事业

（1990 年至今）

在成功担任富达麦哲伦基金经理 13 年之后，彼得·林奇离职了。"1990 年 5 月 31 日，我关掉了麦哲伦基金的科特龙证券行情报价机。我已经在这里工作了整整 13 年。"[28] 此时的林奇刚满 46 岁，他记得父亲就是在这个年纪去世的。

彼得·林奇是一名独行的战士，希望亲自管理投资组合。担任基金经理期间，他只有两名助手。他是个工作狂，每个星期工作 6 天，总共工作 60~80 个小时。[29] 工作日里，他早上 6 点就开始工作，经常工作到深夜。"我不在办公室的晚上，人们可以在一些慈善活动或者社区组织那里找到我，我很乐意提供义务服务。"[30]

作为基金经理，林奇付出了很多。他基本没有时间参加任何文体活动。在担任基金经理的这些年里，他也没什么时间读书或者参加体育运动。他感觉最亏欠的还是自己的太太和3个女儿。"她们每个星期都有新面貌，每个星期都得向我重新介绍自己。我花在房利美（联邦国民抵押贷款协会）、房地美（联邦住宅贷款抵押公司）以及萨利美（学生贷款营销协会）上的时间远远超过陪伴孩子们的时间。"[32] "与此同时，我做梦梦见的都是萨利美，与太太最浪漫的邂逅则是开车进出院子大门时从对方身边驶过。"[33]

1990年，彼得·林奇辞去了富达基金经理的职务。"人们应该在最美好的时候停下来。"同时，他也辞去了柯达、福特以及伊顿百货等封闭型基金负责人的职务，这些基金的收益甚至超过了麦哲伦基金。"大多数人不知道，我还为几家大公司管理着一只10亿美元规模的员工养老金基金，其中柯达、福特和伊顿百货的份额最多。对于这只养老金基金，我不受什么投资限制，因此投资业绩比麦哲伦基金还好。比如，我们可以把 5% 以上的资产投资在一只股票上，而这对于公募基金就行不通了。"[34]

对于众多担任其他基金经理的邀请，林奇也一并婉拒了。"如果一个人有幸在人生中得到眷顾，赚了很多钱，就像我一样，那么当钱多到一定程度时他就要做出选择，是做自己财富的奴隶，把余下的生命全部奉献进去以求赚得更多，还是成为财富的主人，让自己更多享受人生的幸福呢？"[35]

林奇在担任麦哲伦基金经理期间积累了很多财富。在富达，他的年薪能达到几百万美元。林奇也是世界上收入最高的基金经理之一。[36] 在离开富达 16 年后，林奇在波士顿杂志公布的最富有的人中名列大波士顿地区第 40 位。当时，他的净资产约为 3.52 亿美元。他将大部分财富捐给了自己的慈善基金会，还投资了房地产。[37]

然而，对于工作狂林奇来说，没有工作可做可不行。他曾在富达管理研究公司工作过几年。1988

年，在离开基金经理岗位的前两年，彼得·林奇就与妻子卡罗琳共同建立了林奇基金会。该慈善机构致力于支持教育、文化和文物保护、医疗健康、福利事业以及大波士顿地区罗马天主教教会的宗教和教育事务。[38] 2015 年 10 月，林奇的妻子、林奇基金会主席卡罗琳·林奇因白血病并发症去世，享年69 岁。

彼得·林奇在担任麦哲伦基金经理期间获得了无数赞誉。2009 年，他受波士顿商会推荐，成为"波士顿最具声望学院"的一员，并获得了波士顿学院的荣誉法学博士学位。

第二部分

**彼得·林奇的
投资业绩**

1990 年我辞职的时候，麦哲伦基金再次跑赢大盘。在我任职的 13 年里，该基金的表现一直优于基金市场的平均水平。[39]

作为有史以来最成功的基金经理，彼得·林奇已成为股市传说中不可逾越的奥林匹斯山。短短 13 年间，他成功将富达麦哲伦基金变成了有史以来规模最大、最成功的基金之一。林奇通过麦哲伦基金实现了年平均收益率 29.2% 的惊人业绩，并且在很长一段时间内领跑市场。

1977 年在麦哲伦基金投入 1 000 美元的投资者

们，到 1990 年林奇不再担任基金经理时，拥有了 2.8 万美元。林奇将规模只有 1 800 万美元的麦哲伦基金打造成了全球最大的基金之一，资产规模达到了 140 亿美元。

表 1　麦哲伦基金与标准普尔 500 指数收益率对比 [40]

	麦哲伦基金（%）	标准普尔 500 指数（%）
（1990）	-4.51	-6.56
1989	34.58	27.25
1988	22.76	12.40
1987	1.00	2.03
1986	23.74	14.62
1985	43.11	26.33
1984	2.03	1.40
1983	38.59	17.27
1982	48.06	14.76
1981	16.45	-9.73
1980	69.94	25.77
1979	51.73	11.59
1978	31.71	1.71
（1977）	14.46	-11.50

数据来源：finance.yahoo.com/quote/FMAGX/performance/und de.wikipedia.org/wiki/S%26P_5.

注：在 1977 年和 1990 年，彼得·林奇仅有几个月时间负责麦哲伦基金，因此这两个年份标注了括号。

第三部分

**彼得·林奇的
投资策略**

实际上，我从来没有什么放之四海而皆准的策略。我对股票的选择完全出于经验。我就像一只接受过某种气味训练的猎犬，一个脚印接着一个脚印地探究。[41]

彼得·林奇，有史以来最成功的基金经理之一，在他的 3 本著作《彼得·林奇的成功投资》《彼得·林奇教你理财》《战胜华尔街》中一再强调雇主给予他自主选择股票的自由。在管理麦哲伦基金的 13 年里，彼得·林奇投资了 15 000 多家企业。[42]

彼得·林奇除了投资蓝筹股（比如克莱斯勒、

房利美以及沃尔沃），也会往投资组合中加入一些不太知名的企业，比如罗杰斯通信公司（Rogers Communications）和王者世界制造公司（King World Productions）。"我很幸运，可以购买完全不为人知的公司的股票。"[43]

麦哲伦基金的管理架构也没有限制林奇的投资。作为使资本增值的基金经理，他可以自由选股，不必遵循固定的选择标准。"在这里，经理们有着充足的发挥空间，可以按自己的想法投资各种不同的股票，不必循规蹈矩。麦哲伦就属于这样的集体。"[44]彼得·林奇在他的第二本书《彼得·林奇教你理财》中这样写道。

人们普遍认为，麦哲伦属于新兴的成长型基金，主要依靠那些处于发展期的小市值成长型公司来盈利。对此，林奇明确提出异议："现在流行的一个说法认为麦哲伦基金成功的主要原因在于小型企业成长型股票，这样说没有考虑现实因素。"[45]但是林奇并不否认通过成长型股票取得巨大成功的事实："在股市中赚钱的最好方式就是投资那些近几年来已经盈利并且一直在盈利的小型成长型企业。"[46] 尽管如此，林奇的大部分盈利还是来源于一些业务成熟的大公司，比如抵押贷款机构房利美（5亿美元）、萨利美（6 500万美元），烟草制造商菲利普·莫里斯（1.11亿美元）以及汽车生产商福特（1.99亿美元）和沃尔沃（7 900万美元）。[47]

尽管林奇十分重视选择股票投资组合的自由，但他并没有不成系统地进行投资，而是基于经验（系统的方法）进行投资。或者说，作为一只股票猎犬，他训练自己追随特定的气味，即利润最大化。林奇作为一名股市猎犬，大获成功，正如麦哲伦基金的成功故事所展现的那样。

尽管林奇没有一言以概之的投资策略，但他在3本著作中给出了许多提示，向大家展示了他在投资过程中是如何做出选择的。你如果遵循这些投资策略，就可以在未来走上正确的道路。接下来，我们总结了这些投资策略。

股市新手也可以超越
专业人士

我还会继续尽可能地像非专业人士那样思考。[48]

最重要的是，你可以在身边或者工作中找到特别棒的机会，这可以让你比分析师早几个月甚至几年得到消息。[49]

彼得·林奇鼓励新手炒股。他坚信股市门外汉与专业的基金经理相比有明显的优势，因为股市新手没有来自同行的压力："专业人士一般都是万千基金经理中的一员，倾向于在同一片牧场上放牧。他们如果和其他基金经理一样买入同一只股票，就会觉得自己的选择得到了认同。他们避免涉足不熟悉的牧场。……最重要的是他们忽视了那些新兴的、缺乏经验的企业。这些企业往往会成为商业世界中闪亮的明星，其股票往往会产生最高的利润。"[50]

除了来自同行的压力，基金经理还会受到其他方面的限制。基金经理要遵循公司内部的规定："只有小企业的股价升高，大规模基金才能吸纳小企业的股票。"[51] 这会导致基金经理错过一些小企业的高增长型股票的投资机会。但是，作为非专业人士，你可以不受束缚，投资一些初创企业的股票。

股市专业人士或者基金经理同样要面临一些法律方面的规定。"一位基金经理不可以将5%以上的客户资金投资于同一家企业的股票。这样规定是为了防止基金在一张牌上下注太多。"[52]

此外，作为独立的个人投资者（选择个别有前途的股票），你无须为管理股票投资组合支付任何费用。但是，你如果选择更轻松的方式，投资股票基金，就需要支付随着基金购买份额产生的发行附加费和管理年费等费用，这会降低收益。"除了基金分红部分产生的盈利，你还要承担基金管理费和其他附加费用。……根据基金的类型，这些费用每年可占投资比例的0.5%~2%。"[53]

股市新手如果可以观察生活，聆听世界，就可以比专业人士甚至基金经理更好地认清形势。"你如果拿出一半的精力，就可以在股市冲击发生之前，在工作中或者在离家最近的商场中找到最有意思的企业。"[54]

结论 | 超越专业人士既简单又有趣

如果你仔细观察，注意聆听，善于发现有趣又有潜力的企业，那么，和专业人士相比，你就具有明显的优势。如果你发现的股票表现良好，你就会为自己在股票组合投资方面做出的努力倍感欣慰。"我说过，一位非专业人士，不遗余力地去研究其了解的行业和企业，其投资业绩可以超越95%的基金经理，并且乐在其中。"[55]

彼得·林奇的投资倾向排名

只把林奇和股票相提并论显然不合适。这位前基金经理整理了一份他的投资倾向排名，从适合投资的行业到不太适合投资的行业，按降序排列。下面，我们来介绍一下这份排名。

第一名：房产

在大多数情况下，购买房屋或公寓是有史以来利润最高的交易。与其他形式的投资相比，房子有两大优势。你可以住在里面等待升值，还可以用借到的钱买房。[56]

尽管彼得·林奇以一名成功的股票基金经理而闻名，但对他来说，最好的投资并非购买股票或基金。他建议："在开始投资股票之前，请先考虑购房，毕竟这是几乎每个人都可以进行的投资。"[57]

> **实践建议** | 先住进自己的家，再投资股票
>
> 在这里，我们想引用这位最成功的基金经理的原话："除了拥有自己的房产，股票可能是你最好的投资。"[58]

第二名：股票

纵观全局，我们可以看到，在过去70年间，股票为投资者带来了每年11%的收益，而短期国债、长期国债或者储蓄债券的收益还不到股票收益的一半。[59]

彼得·林奇一再强调，投资股票是迄今为止

交易所中最赚钱的投资形式，远超其他投资形式：
"股票比债券风险更大，但其收益前景更好。"[60]

实践建议 | 把闲钱拿去炒股

　　长期看来，投资股票是迄今为止最好的投资形式。这就是为什么林奇建议每位投资者"尽可能提高投资组合中股票的占比"。[61]他在关于股市投资的作品中强烈建议读者："买股票！如果你能从本书中学到这一点，这本书就实现了它的价值。"[62]

第三名：基金

　　如今，人们绞尽脑汁地思考选择什么样的基金。……现有的基金类型包括：国家基金、区域型基金、对冲基金、价值型基金、成长型基金、单一型基金和混合基金、反向基金、指数型基金，以及组合型基金。[63]

尽管彼得·林奇作为基金经理获得了无数赞誉，但是以个人身份投资个股，才是他的首选。他在以下陈述中解释了其中的原因："其实，基金经理的平均年化收益水平往往无法达到股市的平均水平。在某些年份，超过一半的基金表现得比股票的平均水平还差。未能达到平均水平的原因之一就是投资者需要承担一些额外费用。"[64]

在你选定一只基金之前，请仔细查看该基金在过去 3 年、5 年甚至 10 年内的发展情况，或者如林奇所说："关注表现不错的基金，并且坚持投下去。"[65]

对林奇来说，只投资股票基金就够了。他明确拒绝了其他类型的基金。"你如果想长期投资，就应该避免选择债券基金和混合基金，只专注于股票基金。"[66]

他特别推荐投资指数基金（甚至 ETF，即交易型开放式指数基金）。这一类型的基金不产生高昂的管理费用。"这类基金（指的是指数基金）就没有这样的问题，不需要向专业人士支付费用，几乎没有管理费，买入或者赎回不同的基金时没有附加费，也不需要做出什么决定。"[67]

投资指数基金的另一个优势在于其良好的表现。"在过去几十年中，指数基金的表现一直优于受人管理的基金，而且体现为绝对优势。"[68]

另外，林奇还建议在投资基金时采取多元化策略，将资金投资于多种股票基金。"你应该把钱分别投在3种或者4种不同类型（增长型、价值型、小型企业等）的股票基金中，这样可以做到始终将一部分钱投资到利润最高的市场中。你如果想在投资组合中增加投入，就投资那些几年来处于市场弱势的行业吧。"[69]

林奇多次强调，他不喜欢频繁换手，即在不同的基金之间转换。"在不同的基金之间来回转换是不值得的。……选择一个历史业绩非常好的基金并一直持有，会好很多。"[70]"持有一只表现稳定的基金比在不同的基金之间来回转换、每次都尝试追随最新趋势要好得多。"[71]

彼得·林奇在作品中提到过一些美国专业期刊，你可以在其中找到大量有关基金的信息。"在《巴伦周刊》和《福布斯》杂志中，你可以了解到哪些基金多年来一直位居榜首。"[72]"（关于选择正确基金的）绝佳信息来源是《福布斯》排行榜，该杂志于每年9月公布榜单。"[73]除此之外，林奇还参考理柏评级，你可以通过该评级，根据不同指标（比如总收益、投资收益、税收优势）进行研究，选出最佳基金。

第四名：固定收益证券（债券、货币市场基金和国债）

纵观历史，投资股票无疑比购买债券更有利可图。[74]

股票投资组合或者股票基金比债券投资

组合、储蓄债券或货币市场基金更有价值，这一点迟早会被证实。[75]

尽管存在市场崩溃、危机、战争、经济衰退、政权变更以及各种相关条件的变化，但通常情况下，股票会比工业债券好 15 倍，比国债好将近 40 倍。[76]

对于彼得·林奇来说，投资债券、债券型基金、货币市场基金以及国债并不属于直接投资股票（个股挑选）的真正替代品，至少从长期来看不是。他对此给出的理由是，债券产生的收益只能占股票收益的一小部分。"除非大胆地投资垃圾债券，否则你永远不会通过债券把你的钱变成原来的 10 倍。"[77]

股票可以获得更高收益的另一个原因在于，作为股东，你参与了企业的发展，并且可以从中获得固定的投资收益。林奇将这种相互联系描述为："投资股票，你可以随着公司的发展获得收益。作为股东，你就是能从不断扩张的业务中获利的业务合伙人。有了债券，你就有了下一笔投资的本金。如果你借钱给别人，那么你最大的愿望的就是带着利息收回本金。"[78]

然而，林奇承认，购买债券在短期内是有利可图的，若债券的收益率是两位数则属于这种情况。20世纪80年代初，美国政府发行的期限为20年的政府债券利息为16%。如今，这样的收益率只存在于想象中，人们更有可能觉得这种高收益率债券属于垃圾债券，也就是具有高风险等级的债券。正如前文所述，对于这样的债券，林奇劝大家不要入手。

林奇支持购买债券的第二个原因在于其风险有限。他建议风险承受能力低的人将资产投资于有息证券。"你如果希望规避一切风险，就把钱放在银行储蓄账户中，或者投资货币市场基金。"[79]

在品质良好（信用评级高）并且长期拥有高收益率的前提下，可以投资信用债。如果你不希望资产在短期内承受任何（或者更大）风险，那么投资利率债也还可以，如国债、地方政府债、政策性金融债。

第五名：期权、期货以及做空

沃伦·巴菲特认为应该取消股票期权和期货，在这一点上我和他的想法一致。[80]

林奇明确拒绝投资期权和期货，以及所谓的做空，因为这类交易的投机性极高。林奇将其描述为："在这里获得收益的可能性比在赌场或者赛马场情况最坏时还要低。尽管如此，人们仍然认为这些是正经的投资替代品。"[81]

期权、期货以及做空具有高度投机性。请把这些业务留给专业人士或者期货交易员去做。就像彼得·林奇说的那样："在我之前的投资生涯中，我从来没有买过期权或期货合约，以后也不会买。"[82]

如何选择股票

——仔细观察，绩优股就在眼前

永远不要投资那些无法用彩色铅笔描绘出来的想法。[83]

在这个行业工作 20 年的经验让我确信，在选股方面，任何使用 3% 的大脑的人都可以表现得与普通的专业人士一样好，甚至更好。[84]

仅在德国就有大约 800 家上市公司，全球共有 4 万多家上市公司，股市新手很难从中进行选择。对此，林奇给出了一些简单而令人信服的技巧，你可以在下文中详细了解这些技巧。

观察周围的情况

根据林奇的观点，研究潜力股的最佳方式就是观察自己周围的情况。[85] "在家里，在街上，在学校，在购物商场，你都会不可避免地看到各种上市公司的产品。"[86] 他建议人们投资那些生产个人生活用品的公司的股票："投资你了解的企业的股票是一种很合适的策略，很多专业人士在实际工作中都忽视了这一点。"[87]

观察家庭成员购买的热销产品

彼得·林奇也会从家人那里得到一些启示。"几年前，我们在厨房的餐桌旁用餐，安妮（林奇的女儿）问'清澄加拿大（Clearly Canadian）'是否上市了。这是我们家中最令人振奋的问题之一。我早就知道孩子们喜欢这种新型碳酸饮料。"林奇一开始并没有在证券交易所名录中找到这家公司，他把"清澄加拿大"抛在了脑后，但是后来又后悔了："实际上，这家公司在加拿大的证券交易所上市了。自1991年上市以来，它的股价在一年内从3美元上涨到了26.75美元，几乎是最初的9倍。"[88]

"正是孩子们的推荐，我才知道了比萨时光大剧院（Pizza Time Theater）和琪琪墨西哥快餐店（Chi-Chi's）。不过我后悔的是，当初真不该买入前一家公司的股票，也不应该没买后一家公司的股票。"[89] 林奇也曾经在妻子卡罗琳那里得到启示："感谢我的太太卡罗琳，她让我发现了恒适公司（Hanes），她特别喜欢这家公司生产的丝袜。"[90]

投资生产简单产品的公司

林奇只倾向于投资那些生产他了解的产品的公司，在这一点上他和沃伦·巴菲特很像。（《传奇投资人的智慧》系列图书之《巴菲特投资方法精要》中关于策略的章节会对此进行详细介绍。）

因此，这两位股市传奇人物并没有投资新技术企业。"幸运的是，我从来没有在我不明白的事物上投资太多，包括波士顿附近128公路沿线的大多数高科技公司在内，我都没有投资。"[91]

然而，林奇经常购买塔可钟和饼干桶餐厅等连锁餐厅的股票，原因在于"快餐店有着很强的吸引力，因为它们简单易懂"[92]。所以，你如果可以在新技术或简单产品之间进行选择，就选择投资简单产品吧。正如林奇所说："如果我必须在最好的计算机芯片和最棒的百吉圈之间做出选择，那么我总是会选择百吉圈。"[93]

在自身所处的行业寻找投资机会

你了解自己所处的行业，请利用这些信息优势来投资自己工作的企业，或者同一行业中其他有趣的企业。"从根本上看，那些具有信息优势的人有着更加有利的出发点，他们可以更好地随机应变。

可以说，他们是最先察觉行业变化的人，和那些身处其他行业的人不同，后者总是到了最后才察觉到变化。"[94]

实践建议｜培养投资视角

生活中，请注意观察，仔细聆听。你如果发现了某个有意思的产品，就可以在网上做一些调查，看看生产这些产品的企业是否已经上市。按照林奇的说法，如果这样做，你就可以每年遇到至少两次机会。你如果不知道应该投资于哪家企业，就去附近的购物中心找找振奋人心的（新）产品吧。因为彼得·林奇正是这样做的。"我马上开车前往伯灵顿购物中心，那里是我最喜欢的投资想法来源。"[95]

买入股票前应该注意什么？

彼得·林奇如果在投资之前没有仔细斟酌、反复考虑，就不会成为一名成功的基金经理。以下是他针对如何分析一些有趣的潜力股给出的建议。

1. 分析基本信息

找到一家有前途的公司只是第一步，接下来还要进行适当的研究。[96]

不进行相应的研究就投资，就好像玩儿扑克不看牌。[97]

对于股票投资者来说，一个成功的起点是寻找一家有前途的企业，一家连续多年盈利持续增长的企业。[98]

假如你发现了一些有意思的企业（很有可能是从你身边、工作中或者购物中心中发现的），请不要急着买入它们的股票。请先仔细看一看相关企业的基本信息或重要指标。"选股最重要的方式就是进行研究。你选择了这家企业的股票，原因不仅在于你喜欢这家企业，这家企业也喜欢你，还因为你从各个方面仔细研究了这家企业。"[99]

林奇为股市新手打气，因为研究选股的信息比想象中简单。"收集到一只股票全部的必要信息并不难，通常只需要几个小时。"[100] 这是林奇在 1989年说的话。在当今这个互联网时代，搜索到这些必要信息应该只需要几分钟。

你可以在证券交易所门户网站搜索到必要的基本信息，或者关键财务指标，包括：

- 市盈率
- 利润及营业额
- 现金流、总负债
- 自有资本
- 股息分红

不要忘了核查事实

如果你通过证券交易所门户网站找到了相关上市企业的财务指标，下一步就是进行事实核查。原因在于，证券交易所门户网站虽然是一种非常实用的信息平台，但并非完美无缺，偶尔可能会出现一些错误数据。因此，你在买入股票之前应该核查原始材料中的数据，也就是公司的年度财务报表。你可以在公司的官方网站上找到这些年度财报。我们在这里举个例子：假设你想找到米勒股份公司的财报，那么你可以在搜索引擎中输入"年度财报 米勒股份公司"。通常情况下，通过这种方式你可以找到一家公司过去几年的年度财报。

请通过考察基本面来筛选你找到的股票。

市盈率

> 即使你不关心市盈率，至少也要记得避开市盈率极高的股票。记住这一点，你会为自己避免很多烦心事并节省很多金钱。[101]

市盈率 = 每股股价 / 每股收益

市盈率（P/E）是股票估值中最常用的指标之一。它是衡量股票是否被高估、低估或者正常估值的指标。纵观历史，德国 DAX 股票指数的平均市盈率为 14。对于市盈率较低的股票，我们可以认为市场低估了其价值。"高市盈率对股票来说是一种障碍，就像赛马鞍座上的额外重量一样。"[102]

市盈率可以让你了解到，投资一家公司，多长时间可以赚回本金。假设你去年以每股20欧元的价格买入100股A公司的股票（市盈率为6.06倍），投入为2 000欧元。A公司去年的每股收益为3.30欧元。对你来说，年收益就是330欧元（100×3.30欧元）。如果收益持续产生，那么你将需要6年多赚回投资本金（6.06年×330欧元/年≈2 000欧元）。

林奇建议股市新手将市盈率和公司的增长率（盈利增长）进行比较。"一般来说，如果市盈率是增长率的一半，我们就可以认为股票评估结果十分理想，而对于一些市盈率是增长率的2倍的股票，我们可以认为其评估结果不尽如人意。"[103] 你可以在证券交易门户网站快速搜索到公司的增长率，也可以自己计算。你可以在股份公司官方网站上下载当前年度的财务报表，计算盈利增长的百分比。

市盈增长比率（PEG）

盈利增长较快的企业，市盈率通常较高。与此同时，盈利增长一般情况下也是比较有说服力的卖点。市盈增长比率这一指标可以帮助你对股票进行评估。市盈增长比率等于市盈率除以预期盈利增长率。如果市盈率与盈利增长相同，那么市盈增长比率为1。如果一只股票的市盈增长比率为1或者小于1，那么可以认为市场低估了这只股票（盈利增长大于市盈率）。

举个例子：如果每股收益每年增长10%，那么市盈率应该不会超过10倍。在这种情况下，市盈增长比率为1或者小于1。如果这家企业的盈利可以增长30%，那么市盈率接近30倍是相对合理的。换句话说，如果一只股票的市盈增长比率小于等于1，买入这只股票就很划算。（然而，林奇在这方面使用了更严格的规则，更多关于这部分的内容，请阅读本书"预期盈利增长"部分）。

薄弱环节可能会出现在预测方面，有些短期经济趋势往往不可预测，比如互联网泡沫危机、金融危机等。我们很难准确预测未来两三年的增长。但是，也有一些企业可以提供相对可预测的业务数据。由此看来，市盈增长比率对于传统的市盈率来说是一种有效补充。比如，如果盈利增长较快，那么一只市盈率为30倍的股票并不一定被高估了。相反，如果一只股票的市盈率为10倍，但是其盈利停滞，那么这只股票被高估了。这些都可以由市盈增长比率体现出来。但是，你不能仅凭市盈增长比率低就选择买入一只股票，而是需要将这一指标与其他指标相结合。除此之外，我们也建议做一下研究，看看实际情况与预期增长率是否相符。

需要注意的是，市盈率是一个具有实用价值的评判标准，但是和市盈增长比率一样，它不是衡量一只股票是否值得投资的唯一标准。因此，在摊销方面，我们对市盈率的假设是每年盈利持平。实际上，盈利可能会在几年内发生变化，特别是发展势头强劲的企业，其市盈率通常超过平均水平。这些企业对于投资者来说仍然是有利可图的。若公司处于亏损状态，则市盈率没有参考价值。对此，彼得·林奇给出的建议是："紧盯着市盈率是不明智的，但是也不应该忽视市盈率。"[104]

预期盈利增长

寻找那些大有前途的企业，这样的企业可以让你的收益连续几年持续增加。[105]

对于市场预测，最重要的能力不是倾听，而是在别人侃侃而谈时呼呼大睡。[106]

林奇一再强调自己不是千里眼，也不是算命先生。即使是像他这种经验丰富的股市专业人士，也无法预测一家企业未来的盈利。他建议投资者留心观察一家企业是否采取措施使盈利增长。"如果一个人无法预测一家企业未来是否盈利，那么这个人至少可以研究一下这家企业是否采取了相应措施来刺激盈利增长。"[107]

比如，一家企业通过媒体发布消息，或者在年报中体现出它正在降低成本，这就是一种可以促使盈利增长的措施。另外，提高产品定价、开拓新市场、在现有的市场条件下或者市场复苏后增加销售额、暂停生产导致亏损的产品等措施对于未来的盈利情况都将发挥积极的作用。类似于关闭亏损部门（伴随着失业）这样的措施通常会对企业股票的上涨起到积极作用，尽管乍一看刚好相反。

现金储备

如果一家企业有 10 亿欧元的现金储备，那么无论如何你都应该知道这个消息。[108]

另外一个有意思的选股标准就是一家企业的现金储备，或称流动资金。在公司最新的年报中找一找，看看它有没有"流动资金之山"，比如投资。毕竟这些资金对于未来的投资来说是生生不息的源泉。还可能出现的情况是企业将现金以股息的形式分配给股东，或者用现金回购自己的股票。你作为股东，这些方式都可以使你增加收益。

资本负债比率

负债状况最能体现哪些公司能够度过危机，哪些公司会破产。[109]

资本负债率＝外部资本／自有资本

一家企业出于扩大投资规模等目的而吸收外部资金是完全正常的，但是在投资一家企业的股票之前，你应该仔细了解这家企业的负债情况。对此，林奇表示："通常情况下，一家企业的资产负债表中应该有75%的自有资本和25%的外部资本。"[110]

如今，这个比例几乎发生了逆转。在许多行

业中，自有资本占比 30% 则被视为股权比例十分稳定。尤其是在一些中等规模的上市公司中，你常常会看到自有资本占比少而外部资本占比多的情况。

不同行业的负债率差别很大。如今，资本负债率为 2 的企业在大多数行业中都是可以被接受的，也就是说其外部资本约为自有资本的 2 倍。换一种说法则是资产负债表中负债约占 66.7%（负债率），而股权至少占 33.3%（自有资本率）。

实践建议 | 在企业年报中找到资本负债率

你可以在一家企业的官方网站上找到资本负债率，也就是自有资本和外部资本的比例。你也可以在证券交易所门户网站上找到相关信息。

股息分红

我总是更喜欢发展劲头强势的成长型公

司，而不是老旧的、烦琐的股息证券。[111]

尽管林奇倾向于投资那些通常情况下向股东支付很少的股息或者不支付股息的成长型公司，但是股息分红也是选择或评价一只股票的重要标准。如果你认为定期分红或者投资产生的收益对你很重要，那么林奇建议你购买所谓的"股息贵族"类股票。"你最好的选择是一家已被证实可以连续20年或者30年定期增加分红的企业。"[112]

在德国，只有医疗保险供应商费森尤斯在过去超过25年里一直分配越来越高的红利。在"证券交易所股息贵族"企业中，除了费森尤斯医疗保险公司，还有福斯油品集团以及费尔曼眼镜公司等企业超过20年连续增加分红。这些企业已经把那些10年连续增加分红的企业远远甩在了后面。其他"股息贵族"企业还包括宝洁、3M（明尼苏达矿业及机器制造公司）、可口可乐、高露洁、史丹利百得、欧莱雅、联合利华以及罗氏集团。

账面价值

如今，账面价值受到了许多关注。[113]

彼得·林奇的这句话可以被视为向有史以来最伟大的投资者沃伦·巴菲特致敬。因为巴菲特就将账面价值作为他在分析和投资活动中做出决定的最重要标准，这也是他的尊师本杰明·格雷厄姆的传统。特别是在20世纪50—60年代，巴菲特以低于账面价值的价格投资了许多公司的股票。

账面价值是企业的资产减去负债，从资产负债表的角度看，也就是资产与负债总额的差额。但是，林奇认为仅考虑资产估值是有问题的。资产负债表中列出的资产价值往往与实际价值不符。因此，他建议投资者在将账面价值作为决策标准时要慎重。"如果你从账面价值的角度出发决定投资一只股票，那么你需要准确了解其有效价值。例如，宾州中央铁路公司的隧道和未使用过的火车车皮都属于资产价值。"[114]

还有另外一种情况，如果你确定一家企业资产负债表中列出的资产价值被严重低估了，那么即使账面价值很低，投资这家企业也是值得的。林奇表示："拥有贵金属、木材、石油或者土地等原材料的企业，通常情况下其账面只能体现一小部分真实价值。"[115]

实践建议 | 运用资产负债表计算账面价值

你可以运用一家企业的资产负债表计算出其账面价值（资产 – 负债）。企业的资产负债表是年报的一部分，你可以在每个上市公司的官方网站上找到它的年报。你还可以在一般的证券交易所门户网站上找到有关账面价值（或者市净率）的信息。

现金流

每当有人提出将现金流作为投资一只股

票的依据时，你都要确定这个人说的是自由现金流。自由现金流指的是减去正常投资支出后剩下的部分。[116]

现金流，即一家企业收入与支出的差额，是决定是否投资一家企业的标准之一。在实际操作中，通常用市现率表示。市现率能够体现股价与上一财政年度每股现金流的比率。作为决策衡量标准，市现率越低越好。林奇认为，市现率为 10 倍比较正常。当你发现一只市现率仅为 2 的股票时，林奇会给出如下建议："你如果能找到一只股价 20 美元、现金流保持在 10 美元的股票，就应该把房子拿出来申请抵押贷款，然后尽可能多地买入这样的股票。"[117]

但是，要小心，如果市现率出现明显低估的情况，那么请核实这家企业未来资金是否可以充足流动，或者说结果是否可预测。原因在于，假如一家原材料集团用尽了最后的储备，然后收紧管理，情况就不妙了。无论是市现率、市净率还是市盈率，指标过低都表示存在问题。在这个分析数据的新时代，再也不会有什么"天上掉馅饼"的事情了。在价值波动的情况下，某个指标被低估10%或者20%是完全有可能的，但是如果某项关键指标低于上市公司平均水平的50%甚至80%，那么其中很有可能出现了薄弱环节。

实践建议	在互联网上找到关于现金流或者市现率的信息

有关现金流和市现率的信息可以在前面提到的证券交易所门户网站上找到。在做出决定时，请将自由现金流考虑在内，尽管这个指标并不一定会在网站中被直观地体现出来。或者，你也可以参考彼得·林奇的提示："所以，我倾向于投资那些不需要在生产设备上持续投入资金的企业。收入并不应该与支出相矛盾。"[118] 林奇以钢铁厂为例，这类企业的生产设备通常十分昂贵，成本支出较大。

存货

对于制造业企业或者零售企业来说，存货水平增长通常是一个不好的迹象。如果存货增长速度比销售速度还快，那么这就是第一个警告信号。[119]

林奇建议投资者在决定投资之前仔细查看企业的存量，也就是库存积累。如果存货的增长比例超过正常值，你就不要买入这家企业的股票了。或者，正如林奇讽刺的那样："如果一家企业的工作人员不得不在别处停车，以便腾出停车场储存货物，那么这绝对是存量过多了。"[120]

实践建议 | 关注存货情况

请查看企业最新的年报，关注存货的变化情况。你也可以抽时间去各家企业实地考察。如果发现没有停车位（因为停车场被用来放置货物了），你就要心生怀疑了。

2. 根据彼得·林奇的经验标准对你的选择进行筛选

除了上述指标，林奇还有其他标准来判断是否投资某些股票。下面我们将分别阐述彼得·林奇眼中支持投资某些股票的标准，以及提醒人们不要买入某些股票的风险提示信号。

投资符合以下标准的股票

除了通过数学推导得出具体的基本面分析决策标准，林奇还基于自身丰富的经验列举了一些其他标准。尽管它们听起来有可能略显老套，但是林奇可以通过许多实例加以证明。[121]

- 投资你所了解的行业，比如连裤袜或者连锁酒店，不要投资光纤行业等高科技行业。
- 如果一家企业的名称听起来枯燥乏味，那么这家企业很适合投资。

- 如果一家企业的业务都是解决各种小问题，比如拧紧瓶盖，那么可以买入这家企业的股票。

- 如果一家企业的业务是处理棘手的事情，那么可以买入这家企业的股票。林奇以美国安洁集团为例。这家企业凭借清除汽车以及厨具的油污赚得盆满钵满。

- 如果一家企业从母集团中独立出来，那么可以买入这家企业的股票。

- 如果一家企业的股票，大型投资人没有持股，分析师也不关注其走势，那么可以买入这家企业的股票。

- 如果一家企业有谣言缠身，或者名声不佳，那么可以买入这家企业的股票。

- 如果一家企业的业务让人感到压抑，比如殡葬行业，那么可以买入这家企业的股票。[122]

- 如果某一行业由于从业人员较少而发展缓慢，那么可以买入这一行业的股票。

- 利基企业也值得投资，这类企业包括采石场以及当地报刊等。

- 林奇更愿意投资生产周期较短的快消类大众商品企业，而非耐用品企业。"我更愿意投资生产药品、软饮料、剃须刀片或者香烟的企业，而不是生产玩具的企业。"[123]

- 林奇认为，投资新技术企业不可取，但是投资使用新技术的企业非常值得。所以，投资一家制造条码扫描仪的企业很有风险，但是投资一家使用新型条码扫描仪的连锁超市就很有前景了。

- 对于投资者来说，那些管理层以及员工下力气投资本公司的企业也十分具有吸引力。你可以在互联网上找到有关内部人交易的信息。[124]

- 如果一家企业回购自身股票，那么这家企业值得投资。

不要仅仅因为前面提到的某项决策标准就贸然投资某些股票。在决定投资任何股票之前，请务必全面分析。其中主要包括检查基本面，比如市盈率、负债率以及账面价值。

不要投资以下股票

林奇在他的书中还列出了不宜购买某些股票的标准。[125] 详情如下：

- 不要投资热门行业的热门股票。要避免广告炒作的股票，还有投资人口中谈论最多的股票。"这意味着你要忽视那些知名专业人士的热门提示，不要理会股票杂志上那些'一定要买入'的投资建议，而是要坚持自己的分析。"[126]

- 不要买入那些市场领军企业追随者的股票，比如"新苹果"公司，"新微软"公司的股票。

- 如果一家企业在扩张战略中陷入困境，比如通过收购行业外的企业扩张业务，那么不要购买这家企业的股票。

- 不要购买小道消息中所谓的热门股票。[127] 尤其是在互联网时代，这种小道消息通常通过电子邮件或者网络新闻传播开来。

- 不要购买刚上市的股票，这样的股票因为刚刚上市，没有可参考的关键指标。换句话说：远离 IPO（首次公开募股）。

- 不要买入只有一家或者零星几家供应商的企业股票。这种企业极其依赖这些客户，可能会因为客户订单方面的风吹草动而陷入大麻烦。

- 避免买入名称或后缀哗众取宠的股票。在新世纪互联网泡沫中，后缀为".com"的互联网公司如雨后春笋般出现，然后又转瞬即逝。实际上，人们往往容易盲目买入名称中带有"云"字的股票。

3. 买入股票之前，给你感兴趣的这家企业致电

专业人士会坚持给企业致电，为什么业余人士不这样做呢？[128]

林奇一直与他想要投资的企业代表保持电话联系。有时，他还会亲自拜访，以便更好地了解企业，掌握潜在的投资信息。随着麦哲伦基金愈加成功，有越来越多的企业代表来到富达，向林奇介绍自己公司的业务。"我对自己的要求是，每个月至少与主要行业龙头的代表进行一次会谈。"[129]

彼得·林奇召集的企业会谈次数逐年增加，见下表。[130]

表2 彼得·林奇召集的企业会谈次数

年份	次数
1980	214
1982	330
1983	489

年份	次数
1984	411
1985	463
1986	570

林奇对每次会谈的内容都会做详细记录："每次联系之后，我都会在活页纸上记录公司名称以及当前股价。关于会谈内容，我也会写下一两行总结。我想每个股市行家都可以从这样一个笔记本中收获良多。如果没有这样一个笔记本，就很容易忘记当初为什么要买入这样一只股票。"[131]

每次与企业代表会谈结束之前，林奇都要问问这家企业的主要竞争对手是谁。[132] 这通常能让他了解到一些行业内幕。"我通常会以这个问题结束会谈：'你认为，哪家公司是贵司最主要的竞争对手？'……最终我通常会投资竞争对手的股票。"[133]"关于竞争对手的问题是我最喜欢使用的技巧，我可以了解有潜力的新股票。"[134]

你如果选择好一只股票，就在投资前和企业代表谈一谈。你不太可能直接和首席执行官对话，但是投资者关系部门的工作人员一定能够为你提供关于公司的更多信息。你如果还在寻找其他同类型的企业，那么只需问一下这家企业的竞争对手有哪些。你通常可以在企业官方网站上找到投资者关系部门的联系人。别忘了把对话记录下来。"我总是一丝不苟地记下我在午餐会或者会议活动上遇到的人，其中一些人成了我多年来致电的重要对象。"[135]

4. 只拿闲钱去投资

投资股票之前，了解自己的家庭财务状况很有必要。[136]

假设你已经有了自己的房产，根据彼得·林奇"未雨绸缪"的投资策略，现在是时候选择股票进行投资了。但是，林奇也建议："请只拿出闲钱来投资，不要影响现在和今后一段时间的日常生活。"[137]

| 实践建议 | 炒股之前，请拿出账本来记账，并且留出一部分储蓄 |

了解一下家庭日常所需的大概开支。比如，你可以在家庭账本中系统地记录开支，例如生活用品、衣物、能耗消费、保险费用、税费、假期花销、贷款支出等。除此以外，你还要把一些中短期内可能发生的开销考虑进去，这些开销包括孩子的教育费用、汽车维修或者房屋装修的支出。另外，你还要留出一部分储蓄应对突发事件，例如事故导致汽车报废。将一段时间内（比如一年）的这些支出相加，然后和预计年收入对比一下。如果计算之后还有盈余，那么你大可放心拿出盈余的部分来投资股票。

5. 还是不确定？实践出真知！

人们应该先训练一下再出手，就像拿驾照之前要练习开车一样。[138]

林奇建议初出茅庐的投资者先练习一下股票相关业务。例如，你可以在网上免费模拟炒股，设置投资组合，并且在很长一段时间内追踪虚拟股票的发展情况。彼得·林奇还建议成为证券交易所或投资俱乐部的会员，因为，"事实证明，大多数人在俱乐部内投资会比单独行动获得更好的收益"。[139]

在这里我们想提醒你不要陷入股市游戏的圈套。如果有1万名参与者参加为期4个星期的股市游戏，只有10名参与者中奖，那么只有一个合乎逻辑的策略：你必须承担尽可能大的风险参与押注。举个例子，这些参与者把赌注押在一家初创生物科技企业，期待这家企业在3个月内发布惊人的研究成果，然后股价像火箭一样飙升。即使这一切真的发生了，也纯属运气。这和彼得·林奇所说的持续盈利的股票策略毫无关系。因此，你尽管把这些股市游戏看成"赌场把戏"，而不是能学到炒股知识的地方。

实践建议 | 设置模拟投资组合，练习投资

你可以尝试模拟炒股，创建免费的模拟投资组合，并和其他用户的持股股价走势进行比较。你还可以在网上或者当地媒体上对证券交易所做一些研究，也可以看看你所在地区的投资俱乐部。

股票交易中以及买入股票 之后应该注意什么？

买入股票之后，还有许多要做的事情。以下内容是彼得·林奇对于组合投资的一些建议，请继续阅读。

1. 只关注少数几只股票

求多而考虑不周是每个散户投资者的噩梦。[140]

林奇建议散户投资者在买入股票时不要贪多，将数量保持在可管理范围内即可。毕竟选股、审查以及定期检查收益都需要花费大量时间。具体来说，他认为以下情况颇为理想："对于散户投资者来说，我认为组合 3~10 只股票比较合适。"[141] 重要的是你买入的股票要有发展前景，因为"你对一只股票的想法越正确，对其他股票的想法就越有可能出错。不过，即便是这样，你也可以凭借一只成功的股票享受到投资者的胜利"。[142]

实践建议 | 将股票组合投资控制在可掌握范围内

不要贪多买入太多股票。花一些时间研究一下，有目标地去寻找那些有希望实现高增长率的公司股票。有时候，其中一只股票的股价可能会增长 10 倍。正如林奇所说："一个人如果可以在一生中抓住几只十倍股，他就赢了。这样的人生别无他求。"[143]

2. 要有耐心

不妨买入一些优秀企业的股票，无论涨跌都留在手中。[144]

选择那些对的股票，其他的就交给股市吧。[145]

只有在面对牛市时和面对熊市时坚持同一种策略，你才能将长期利润最大化。[146]

彼得·林奇认为，投资者应该坚持持有那些经过仔细斟酌而买入的股票，就算遇到了熊市也不应该草率卖出。在这一点上，沃伦·巴菲特也持有相同观点。原因在于，无论如何，企业的内在价值都不会降低。

实践建议 | 不要草率地卖出股票

林奇建议，在买入股票之前不仅要仔细研究股票的基本面，还要参考其他标准。不要在股价出现轻微下跌时就卖出，这样就浪费了此前投入的时间。正如林奇所说："股票业务成功的关键是不要因恐惧而逃跑。"[147]

3. 定期检查投资组合

定期检查投资组合中的各家公司，思考一下怎样才能使明年的收益更上一层楼。如果想不出来，就问问自己，为什么投资了这样一只股票。[148]

要定期检查投资组合，查看基本面，并对比各项指标与上次检查时相比有何变化。如果某些指标已经出现严重恶化，就应该考虑出售相关股票。

实践建议 | 定期检查

这一条实践建议来自彼得·林奇的亲身经历："健康的投资组合需要每 6 个月左右进行一次检查。"[149]"只要公司的基本面没有改变，就握紧股票，不要卖出。"[150]

---

4. 什么时候应该卖出股票

有些人会卖出涨势大好的"赢家股票"，然后把那些下跌的"输家股票"留在手里，就像摘除鲜花保留野草。还有一些人机械地卖出下跌的股票，把上涨的股票留在手里，这样做的结果也好不到哪里去。[151]

对于彼得·林奇而言，出手股票没有什么标准公式。通常情况下，他会定期检查，关注一下手中股票的涨跌情况。在这个过程中，他会把当前情况与买入时仔细记录的期望值进行对比。他特别关注每家企业基本面的变化情况。

> **实践建议** 请卖出那些不符合期望值的股票，还有那些基本面严重恶化的股票

你如果在例行检查中发现股票未达到增长预期，就卖出这些股票，买入涨势更好的

股票。在检查时要注意基本面的变化。比如，市盈率是否大幅增长？是否高于同行业平均水平？产品的销售水平或者市场对产品的需求是否降低？存货是否出现明显增长？一切消极变化都意味着应该卖出所持股票，买入涨势更好的其他股票。

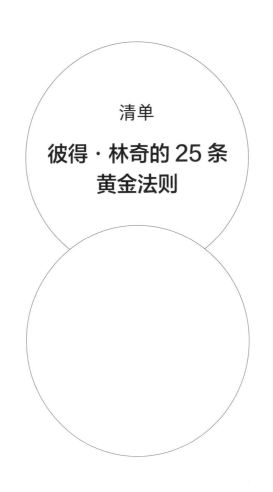

清单

彼得·林奇的 25 条黄金法则

在林奇的作品《战胜华尔街》一书的结尾，他结合自己 20 年的投资实践经验总结了以下 25 条法则：[152]

（1）投资很有趣，也很刺激，但是如果不做一番研究，就会很危险。

（2）作为业余投资者，你如果投资那些有所了解的企业和产品，就可以超越那些股市专业人士。

（3）不要盲目追随专业投资者的想法。你如果不随大溜，或者与大家逆向而行，就可以成为市场中的佼佼者。

（4）其实每只股票背后都是一家公司，投资者需要弄清楚这家公司的经营模式。

（5）长期来看，一家企业的业绩表现与其股价呈正相关。但是，短期而言，情况可能正好相反。你如果投资了一家成功的企业，就要耐心地持股，终会有回报。

（6）你要清楚你持有哪些股票，为什么投资这些股票。每次买入股票时，都要记录一下。

（7）一窍不通就入局，往往会满盘皆输。

（8）业余投资者能够管理的股票数量有限，一般情况下可以打理好8~12只股票。综合考虑的话，投资组合中的股票数量不宜超过5只。

（9）如果无论如何都找不到一只令你心动的股票，就暂时把钱存到银行里，直到找到值得投资的股票。

（10）永远不要买入你不了解其财务状况的公司的股票。买入股票之前务必看一下公司的资产负债表。

（11）避开那些热门行业的热门股票。

（12）对于初创企业的股票来说，要耐心等待，直
到企业实现盈利再投资。

（13）你如果打算投资处于困境之中的行业，就投
资那些有能力渡过难关的企业，即有财务储
备的企业，而且要等到行业出现复苏信号再
投资。

（14）一定要集中力量投资少数几只绩优股（也就
是大牛股，指价格可以翻几番的股票），这
样可获得整体上的盈利，而不必为琐事浪费
精力。

（15）对于任何行业、任何领域，只要平时留心观察，
业余投资者就会发现那些发展势头强劲的企
业，而且能远远走在专业投资者前面。

（16）股票下跌不是什么严重的问题。可以利用这
段不景气的时期收集其他投资者因恐慌而抛
售的廉价股票。

（17）你如果在股市大跌时很容易受别人影响而感

到恐慌，抛售手中所有股票，就不要投资股票，也不要投资股票基金。

（18）要忽视那些危言耸听的信息。只卖出基本面变糟糕的股票，不要因为熊市来袭，感觉会崩盘就急于抛售。

（19）不要理会关于宏观经济的预测，关注你想投资的企业或者已经入股的企业，留心其发展情况。

（20）股市上总会有惊喜，就是那些表现良好却被华尔街专业人士忽视的企业。

（21）在投资一家企业的股票之前没有仔细研究分析，就像玩儿扑克时不看牌一样。

（22）如果你持有了绩优股，剩下的就交给时间吧。要有耐心。

（23）如果想投资股票，却没有时间也没有兴趣做功课研究基本面，就投资股票基金吧。可以分散投资不同类型的股票基金，比如成长型基金、小盘股等。不要经常转换你投资的基金，这样做没有意义。

（24）投资者应该把目光投向海外。可以将一部分资产投资于发展中国家的国债。

（25）长期而言，一个由精心挑选的股票或股票投资基金构成的投资组合，其业绩表现肯定远远胜过一个由债券或货币市场基金构成的投资组合。但是，一个由胡乱挑选的股票构成的投资组合，其增值空间还不如把钱放到床底下。

来自彼得·林奇的

呼吁

你如果希望明天比今天拥有更多的钱，就把大部分资产投资于股票吧。[153]

股票

能够证明股份公司股份的有价证券。股票的所有者（股东）为股份公司的合伙人。股份公司通过向股东出售股票来筹集资金。

股票基金

由基金经理管理的一种投资于各种股票（投资组合）的专项资金。股票基金的股票在资本市场上进行交易。除了股票基金，还有房地产基金、养老基金和混合基金。

股份公司

一种具有独立法人资格的商业公司。股份公司将其股本划分成股票。上市股份公司可以在证券交易所登记其股票并出售或回购。

股票指数

体现一个股票市场或一组股票价格走势的参数。德国 DAX 股票指数显示了德国 30 家最大的股份公司（蓝筹股）股价变化情况，自 1988 年 7 月 1 日开始推行。德国其他股票指数还包括 MDAX、SDAX 以及 TechDAX。其他著名的股票指数还包括道琼斯工业平均指数、美国标准普尔 500 指数以及日本东京证券交易所日经指数，其中日本东京证券交易所日经指数显示了 225 家日本最重要的公司股票价格的走势。

股票期权

指在合同约定的条件下在期货交易所内买入或者卖出股票的权利。股票期权有固定期限。其中,买入(看涨)期权和卖出（看跌）期权之间存在区别。买入（看涨）期权确保买方有权在期权期限内或在期权结束时以先前确定的价格（行权价）购买固定数量的股票。卖出（看跌）期权确保买方有权在期权期限内或在期权结束时以先前确定的价格（行权价）出售指定数量的股票。买方可以行使期权，但不具有强制性。期权用于以少量资本投资来推测股票价格上涨或者下跌，发挥杠杆作用。卖出（看跌）期权也可以用于对冲股票投资组合以防止价格下跌。

股票回购

指股份公司买入本公司发行的股票的行为。股票回购通常会引起股价上涨，因为股份公司发行的股票股份会因此减少，这对股东来说是利好消息。股票回购可以增加企业的并购难度，或者实现员工分红。

股票分割

在股票分割中，一家公司发行的股份数量成倍增加。股票分割的结果是证券交易所股价按分割比例下跌。

股票分割通常应用于股价上涨过高的公司股票，目的是使小本投资人负担得起。2010年，伯克希尔-哈撒韦公司以1∶50的比例对B股进行了股票分割，因为B股股价已经涨到了每股3 000多美元。如果股票分割之前，一位B股的股东在其投资组合中持有10股，每股价格为3 500美元，那么经过股票分割，他将拥有500股B股，每股价格为70美元。

债券

一种具有固定期限的有价证券，收益方式通常为固定收益。发行债券的目的在于筹集外部资本。在债券期限结束时，债券发行机构将按照债券的面值偿还资金，利息通常每年支付一次。发行债券的主体可以是公司、各级政府、银行等。

债券基金

主要投资于债券的投资基金。当利率下降时，投资债券基金可获得丰厚收益。

发行附加费

证券的各类发行费用，体现为购买证券时所需的手续费。通常情况下为投资额的 1.5%~5.5%。

熊市

证券市场价格持续下跌的阶段，也称空头市场。

资产负债表

在企业管理中，资产负债表体现了企业在特定时间点的资产状况。资产负债表中的资产栏提供有关资金使用的信息，负债栏记录资金的来源。

蓝筹股

经营业绩好的大型股份公司的股票。

证券交易所

股票、证券、期货（或其他金融商品）交易的场所。国际上知名的证券交易所有纽约证券交易所、伦敦证券交易所和东京证券交易所等。

行业基金

投资于某一个特定行业（如石油行业、汽车行业、消费品行业）的基金。

账面价值

公司资产负债表上的一种财务指标。从数学角度来看，账面价值是公司总资产与总负债之间的差额。

沃伦·巴菲特

生于 1930 年 8 月 30 日，美国经济学家、价值投资者、亿万富翁。他是伯克希尔 - 哈撒韦公司的创始人，该公司发行的 A 股是目前为止世界上最昂贵的上市公司股票。想了解更多关于沃伦·巴菲特的信息，请阅读《巴菲特投资精要》。

牛市

证券市场价格持续上涨的阶段，也称多头市场。

资本增值型基金

管理资本增值型基金的基金经理在投资股票时可以自由行动，不受特定投资理念的限制。根据彼得·林奇的说法，他管理的麦哲伦基金就是一只资本增值型基金。

现金流

衡量公司流动性的指标，是企业在一定时期内收入与支出的差额。

账户

存放股票、基金、权证等有价证券的托管账户。账户由银行和金融服务机构进行管理。

德国 DAX 股票指数

由 30 只业绩最优异的德国股票组成，是德国股市发展的引领性指数。德国 DAX 股票指数是一个业绩指数，资本和股息的变化都包含在德国 DAX 股票指数的计算中。德国 DAX 股票指数的 30 名成员股票会定期接受检查并在必要时进行更正。

多元化

一种投资方法。为了降低亏损风险，投资者可在不同的股票或资产类别（股票、债券、基金）之间分配可用资金，并确保这些投资不会在不同的证券交易市场上以相同的方式做出反应。然而，沃伦·巴菲特一再强调不要过度多元化，因为这种多元化的方法同样会稀释业绩。

股息

指股份公司在年度大会上决定的利润分配方案。在德国，通常在年度大会后的第三个工作日支付给股东，通常每年支付一次。在美国，通常每年支付四次，每季度给在特定的登记日之前持有股票的股东支付一次。

股息收益率

体现股份公司每股股息与每股股价的比率的指标。

股息收益率 = 每股股息 / 每股股价 ×100%

道琼斯工业平均指数

简称道琼斯指数，是美国股票指数的一种，也是世界上历史最悠久的股票指数，由查尔斯·道于 1884 年编制而成，包含了 30 家美国主要上市公司。道琼斯指数是价格指数，股息对它的评分情况没有影响。

自有资本

即企业资产减去负债。换句话说，自有资本是企业所有者自身筹集的企业资本加上利润所得。与自有资本相对应的是外部资本。

自有资本比率

显示自有资本和总资本的比率的财务指标。它可以体现公司资本结构，从而体现公司信誉信息。不同行业的自有资本比率差距较大。

自有资本比率＝自有资本／总资本 ×100%

自有资本收益率

一项财务指标，反映了特定时期一家企业自有资本的收益情况。

自有资本收益率＝利润／自有资本 ×100%

新兴成长型基金

新兴成长型基金的基金经理主要投资于小型初创企业。

发行人

指企业、银行、保险机构等发行有价证券的主体。发行人发行的有价证券可以是股票或者债券。

交易型开放式指数基金（ETF）

一种投资基金,其资产结构与权重以股票指数为基础。由于该类型基金不需要庞大的分析师团队，因此管理成本较低。交易型开放式指数基金适用于所有资产类别，允许投资者投资股票、原材料、债券、信用衍生品以及货币市场等。

财务指标

用于评估企业财务状况,主要财务指标有股息收益率、自有资本比率、自有资本收益率、市盈率、市净率、市现率以及市销率。

基金

源于拉丁语，原意是土地、土壤。在经济领域，指为一定目的而设立的具有一定数量的资金。

基金经理

指投资基金的管理者，其职责是尽可能地利用基金的资产进行安全、高收益的投资。基金经理在一定的投资条件、投资原则以及法定投资限额之内做出投资决策。最成功的基金经理有彼得·林奇和约翰·邓普顿。

四倍股

指价格增长四倍的股票。该术语来自棒球运动中的"本垒打"，一次本垒打最高可得四分。然而在股票术语中，这个数字并不局限于"四"，如果一些股票在一定时期内价值增长十倍，那么我们称这只股票为十倍股。

自由现金流

指现金流中不需要用于投资的部分。

外部资本

由一家企业的负债和准备金构成。换句话说，它是外部投资者以贷款、抵押以及卖方信贷的形式向企业提供的资本，或者是为未来的负债准备的款项。与外部资本相对应的是自有资本。

合并

指两家或多家独立企业融合为一家企业。

货币市场基金

债券基金的一种特殊形式，该基金资产主要投资于短期货币工具，目标是获得接近市场利率的收益。

投资收益率

一项财务指标，衡量企业总资本（包含自有资本和外部资本）的收益水平。10% 的投资收益率表示一家企业每投资 100 欧元就能获得 10 欧元的收益。

投资收益率 ＝（利润 ＋ 外部资本收益）/ 总资本 ×100%

本杰明·格雷厄姆

生于 1894 年 5 月 9 日，逝于 1976 年 9 月 21 日，美国经济学家、投资者。他与大卫·多德共同创作了《证券分析》。沃伦·巴菲特曾是他在哥伦比亚大学执教时期的学生。想了解更多关于本杰明·格雷厄姆的信息，请阅读《本杰明·格雷厄姆投资精要》。

指数基金

指可以反映股票指数（例如德国 DAX 股票指数、道琼斯工业平均指数、纳斯达克指数）的投资基金。现在通常称交易型开放式指数基金为 ETF。

投资基金

通过资金或资本进行投资的基金。根据资产类别可以分为股票基金、房地产基金、原材料基金以及养老基金。除此之外，还有投资于多个资产类别的混合型基金以及投资于其他基金的组合型基金。

基金主要分为两种类型，一种是由基金经理管理的主动管理型基金，另一种是精准复制指数的被动管理型基金。基金经理是专业的资产管理者，负责选择构成基金资产的证券及其数量。基金管理的目标是增加基金资产，使资产收益超过平均水平。被动管理型基金与资产标的挂钩（例如股票指数或者债券指数），交易型开放式指数基金就是常见的被动管理型基金。

首次公开募股（IPO）

指股份公司在证券交易所首次发行股票。公司上市的目的是为未来商业活动筹集自有资金。彼得·林奇建议投资者不要投资这些刚上市的公司的股票。

垃圾债券

指具有较高违约风险的债券。这些债券的发行方通常是经济陷入困境、无法从银行获得贷款的企业。由于违约风险和其他连带风险较高，因此垃圾债券通常具有较高的利率。

资本

一家企业的资本由自有资本和外部资本构成。外部资本在资产负债表中体现为负债。

市盈率

一项财务指标，体现一家企业获得与其价值相等的盈利所需要的年数。市盈率是评价股票最常用的重要指标。若企业处于亏损状态，则市盈率没有参考意义，在这种情况下可以采用市现率作为衡量标准。综合德国 DAX 股票指数历史来看，股票平均市盈率约为 14。对投资者来说，市盈率越低，股票越值得购买。

市盈率 = 每股股价 / 每股收益

市净率

一项用于评价企业资产的财务指标，沃伦·巴菲特和本杰明·格雷厄姆等价值投资者尤其推崇用市净率评估股票和企业的方法。市净率越低，股价越便宜。在价值投资中，市净率这一概念被普遍应用。

市净率 = 每股股价 / 每股账面价值

市现率

也称股价与现金流比率，是一种以流动性为导向的财务指标。该指标特别适用于评估处于亏损状态的公司，因为在亏损的情况下参考市盈率没有意义。市现率这一指标不太容易被企业出于美化其资产负债表的目的刻意修改粉饰。市现率越低，股票越有价值。但是，彼得·林奇建议只考虑自由现金流。

市现率 = 每股股价 / 每股现金流

市销率

一种专门用于评估亏损股票的财务指标，同时也适用于评估周期性股票，例如工业企业、批发商和原材料生产商的股票，这些公司的利润在很大程度上取决于总体经济发展水平。与同行业的其他股票相比，市销率相对较低的股票被认为价格更便宜。

市销率 = 每股股价 / 每股销售额

国家基金

国家基金投资于特定国家的企业。国家基金要求投资者有耐心，进行反周期投资。通常情况下，国家基金的投资费用较高，同时货币风险也不容低估。

大盘股

指市值较高的大型企业股票，同义词为蓝筹股。

做空

卖方在股票（以及其他证券、商品或外汇）尚未成为其财产的情况下将其出售的行为。通常情况下，卖方只有在推测股票（以及其他证券、商品或外汇）未来某个时间点会下跌，打算届时以更低的价格买入时，才会进行做空操作。

市场倍数

指股票指数的平均市盈率。在过去 30 年间，德国DAX 股票指数的市场倍数一直保持在 14 左右。道琼斯指数在过去 30 年间的市盈率一直保持在 18 左右。

市值

上市公司股票的总价值，也称股票市值。市值是一家上市公司当前股价与流通股数的乘积。

查理·芒格

生于 1924 年 1 月 1 日，美国律师、价值投资者，自 1978 年以来，担任伯克希尔 - 哈撒韦公司副董事长。想了解更多关于查理·芒格的信息，请阅读《查理·芒格投资精要》。

九倍股

指股票价格增长九倍的股票，详见四倍股。

养老基金

一种法律上的独立机构，指为给雇主带来收益的一名或多名雇员支付企业养老金的款项。雇员提供劳动，有权要求企业支付养老基金。养老基金作为一种退休福利，可在退休后终生定期给付，也可一次性给付。在德国，养老基金最多可将其 90% 的资产投资于股票。对于投资债券、投资基金、房地产以及公司债券没有比例限制。在其他国家，养老基金也是一种自由的投资工具。

业绩

指股票、投资基金或其他上市投资产品的收益发展情况。

投资组合

投资者在其资产中持有的全部证券和基金的情况。

市盈增长比率

一项财务指标，计算方法是市盈率除以预期盈利增长率。该指标可以体现成长型股票的价格是否被高估或低估。若市盈增长比率为 1 或者小于 1，则股票被低估了。

质量发展基金

质量发展基金的基金经理投资于已经成立且持续扩张的大中型企业，这些企业每年至少盈利 15%。

收益率

资本投资的收益率是指利润的百分比。收益率有不同类型：自有资本收益率体现了投资股本产生的利息；投资收益率体现了自有资本和外部资本共同产生的收益；销售收益率是在一段时间内销售额产生的利润率。

小盘股

市值较低的小型企业股票。

标准普尔 500 指数

反映美国市场的指数，通过 500 家规模最大的上市公司股价计算得出。与道琼斯工业平均指数相比，该指数可以更准确地反映美国的经济发展情况。

选股者

专门投资于个别上市公司或者其股票的投资者。

短期国债

指由一国政府发行的短期债券，期限在一个月到一年之间。

长期国债

指由一国政府发行的长期债券，期限在 10~30 年之间。

期货合同

约定在未来特定日期以特定价格购买或者出售特定数量商品的合同。期货和期权不同，期货是无条件交易，即期货合同的买方必须在约定的时间以约定的价格进行买卖。股票期货也称为金融期货。

交易者

指利用市场大环境的价格波动，在短期内买卖证券的投机者。

价值股

指稳定且持续盈利的企业股票。

价值基金

价值基金的基金经理根据价值投资的标准投资，主要投资于具备持续增长潜力的被低估的股票。

价值投资

一种证券分析方法，是基本面分析的一种变体。价值投资者投资于股票价格远低于其内在价值的企业。这些企业通常具有市盈率较低且股息收益率超过平均水平的特点。价值投资者的目标是识别出被低估的企业并进行投资。价值投资是由美国经济学家本杰明·格雷厄姆和大卫·多德于 20 世纪 30 年代提出的概念。最著名的价值投资者有本杰明·格雷厄姆、沃伦·巴菲特和查理·芒格。

负债

指一家公司未支付的财务款项，包括银行贷款、各公司自己发行的债券以及客户为尚未履行的服务支付的预付款等。公司的负债必须显示在年度资产负债表的负债一栏。

负债率

一项财务指标，体现外部资本（负债）与自有资本的关系。负债率为 2 表示企业负债为自有资本的 2 倍。

管理费

基金管理者向投资者收取的年费。这笔费用来自基金资本，因此基金业绩会相应降低。

波动性

一段时间内股票的波动范围。换句话说，波动性较大（用贝塔系数衡量）的股票股价变化较大。

董事会

股份公司的三大机构之一。股份公司的董事会受各国公司法中的相关法律条文监管，主要职责是管理公司和在法庭内外代表公司。在德国，董事会成员由监事会任命。

成长股

指发展前景良好的小型初创企业的股票。投资成长股的机遇较多，但与价值股相比，成长股的风险更高。

证券分析

指对证券市场的系统调查和分析。通过证券分析，可以针对个别证券买入、持有或卖出提出建议。在实际操作中，证券分析有三种不同类型：基本面分析指的是通过检查一家企业的财务指标提出操作建议；图表分析考察证券的历史价格趋势，并从中得出关于未来发展走向的结论；情绪分析考察投资者的市场情绪，并提出操作建议。

参考文献

1   Lynch, Peter; Rothchild, John, Lynch 3 – Der Weg zum Börsenerfolg, Kulmbach 1997, S. 10.

2   Lynch, Peter; Rothchild, John, Der Börse einen Schritt voraus, Kulmbach 2018, S. 9.

3   Lynch, Peter; Rothchild, John, Aktien für Alle, Kulmbach 1992, S. 11.

4   In: Der Aktionär (Ztschr.), Reich mit Aktien: Anlegen wie Super-Legende Peter Lynch, Kulmbach 16/2018.

5   Lynch, Peter; Rothchild, John, Lynch 3 – Der Weg zum Börsenerfolg, Kulmbach 1997, S. 11.

6   Lynch, Peter; Rothchild, John, Der Börse einen Schritt voraus, Kulmbach 2018, S. 37.

7   Lynch, Peter; Rothchild, John, One up on Wall Street, New York, 1989, S. 48.

8   Lynch, Peter; Rothchild, John, Der Börse einen Schritt voraus, Kulmbach 2018, S. 38.

9   Vgl. Marktbeobachtung, Kundenmagazin der HSBC f. Investoren und Trader 12/2015, Düsseldorf 2015, S.47f.

10 Lynch, Peter; Rothchild, John, Der Börse einen Schritt voraus, Kulmbach 2018, S. 39.

11 Vgl. https://en.wikipedia.org/wiki/Francis_Ouimet

12 Vgl. Train, John, Die Formeln der Erfolgreichsten II, München 2006, S. 197f.

13 Lynch, Peter; Rothchild, John, Der Börse einen Schritt voraus, Kulmbach 2018, S. 41f.

14 Balsinger, Peter; Werner, F. (Hrsg.), Die Erfolgsgeheimnisse der Börsenmillionäre, München 2016, S. 202.

15 Lynch, Peter; Rothchild, John, Der Börse einen Schritt voraus, Kulmbach 2018, S. 42.

16 Lynch, Peter; Rothchild, John, One up on Wall Street, New York, 1989, S. 49.

17 Lynch, Peter; Rothchild, John, Der Börse einen Schritt voraus, Kulmbach 2018, S. 42f.

18 Lynch, Peter; Rothchild, John, One up on Wall Street, New York, 1989, S. 51f.

19 Lynch, Peter; Rothchild, John, Der Börse einen Schritt voraus, Kulmbach 2018, S. 45.

20 Balsinger, Peter; Werner, F. (Hrsg.), Die Erfolgsgeheimnisse der Börsenmillionäre, München 2016, S. 202.

21 https://usa.usembassy.de/etexts/his/e_g_prices1.htm

22 Lynch, Peter; Rothchild, John, Beating the Street, New York 1994, S. 84.

23 Vgl. Lynch, Peter; Rothchild, John, Aktien für Alle, Kulmbach 1992, S. 91ff.

24 Lynch, Peter; Rothchild, John, Aktien für Alle, Kulmbach 1992, S. 142.

25 Lynch, Peter; Rothchild, John, One up on Wall Street, New York, 1989, S. 29.

26 Vgl. Lynch, Peter; Rothchild, John, Beating the Street, New York 1994, S. 132.

27 Lynch, Peter; Rothchild, John, Aktien für Alle, Kulmbach 1992, S. 152.

28 Lynch, Peter; Rothchild, John, Beating the Street, New York 1994, S. 5.

29 Vgl. Train, John, Die Formeln der Erfolgreichsten II, München 2006, S. 203.

30 Lynch, Peter; Rothchild, John, Aktien für Alle, Kulmbach 1992, S. 113.

31 Lynch, Peter; Rothchild, John, Der Börse einen Schritt voraus, Kulmbach 2018, S. 360.

32 Lynch, Peter; Rothchild, John, Beating the Street, New York 1994, S. 5.

33 Lynch, Peter; Rothchild, John, Aktien für Alle, Kulmbach 1992, S. 13.

34 Lynch, Peter; Rothchild, John, Aktien für Alle, Kulmbach 1992, S. 14.

35 Lynch, Peter; Rothchild, John, Beating the Street, New York 1994, S. 8.

36 Vgl. Train, John, Die Formeln der Erfolgreichsten II, München 2006, S. 198.

37 www.bostonmagazine.com/2006/05/15/the-50-wealthiest-bostonians/

38 http://www.thelynchfoundation.com

39 Lynch, Peter; Rothchild, John, Beating the Street, New York 1994, S. 135.

40 Lynch, Peter; Rothchild, John, Aktien für Alle, Kulmbach 1992, S. 98.

41 Lynch, Peter; Rothchild, John, Aktien für Alle, Kulmbach 1992, S. 99.

42 Balsinger, Peter; Werner, F. (Hrsg.), Die Erfolgsgeheimnisse der Börsenmillionäre, München 2016, S. 201.

43 Lynch, Peter; Rothchild, John, Aktien für Alle, Kulmbach 1992, S. 125.

44 Lynch, Peter; Rothchild, John, Beating the Street, New York 1994, S. 62.

45 Lynch, Peter; Rothchild, John, Aktien für Alle, Kulmbach 1992, S. 93.

46 Train, John, Die Formeln der Erfolgreichsten II, München 2006, S. 217.

47 Vgl. Lynch, Peter; Rothchild, John, Beating the Street, New York 1994, S. 135.

48 Lynch, Peter; Rothchild, John, Der Börse einen Schritt voraus, Kulmbach 2018, S. 64.

49 Lynch, Peter; Rothchild, John, One up on Wall Street, New York, 1989, S. 66.

50 Lynch, Peter; Rothchild, John, Lynch 3 – Der Weg zum Börsenerfolg, Kulmbach 1997, S. 158.

51 Lynch, Peter; Rothchild, John, Der Börse einen Schritt voraus, Kulmbach 2018, S. 62.

52 Lynch, Peter; Rothchild, John, Learn to Earn, New York 1995, S. 120.

53 Lynch, Peter; Rothchild, John, Lynch 3 – Der Weg zum Börsenerfolg, Kulmbach 1997, S. 157.

54 Lynch, Peter; Rothchild, John, Der Börse einen Schritt voraus, Kulmbach 2018, S. 19.

55 Lynch, Peter; Rothchild, John, Aktien für Alle, Kulmbach 1992, S. 18.

56 Lynch, Peter; Rothchild, John, Lynch 3 – Der Weg zum Börsenerfolg, Kulmbach 1997, S. 137.

57 Lynch, Peter; Rothchild, John, Der Börse einen Schritt voraus, Kulmbach 2018, S. 82.

58 Lynch, Peter; Rothchild, John, Lynch 3 – Der Weg zum Börsenerfolg, Kulmbach 1997, S. 145.

59 Lynch, Peter; Rothchild, John, Aktien für Alle, Kulmbach 1992, S. 50.

60 Lynch, Peter; Rothchild, John, Learn to Earn, New York 1995, S. 106.

61 Lynch, Peter; Rothchild, John, Aktien für Alle, Kulmbach 1992, S. 56.

62 Lynch, Peter; Rothchild, John, Aktien für Alle, Kulmbach 1992, S. 18.

63 Lynch, Peter; Rothchild, John, Aktien für Alle, Kulmbach 1992, S. 53.

64 Lynch, Peter; Rothchild, John, Lynch 3 – Der Weg zum Börsenerfolg, Kulmbach 1997, S. 167.

65 Lynch, Peter; Rothchild, John, Aktien für Alle, Kulmbach 1992, S. 92.

66 Lynch, Peter; Rothchild, John, Learn to Earn, New York 1995, S. 122.

67 Lynch, Peter; Rothchild, John, Lynch 3 – Der Weg zum Börsenerfolg, Kulmbach 1997, S. 168.

68 Lynch, Peter; Rothchild, John, Aktien für Alle, Kulmbach 1992, S. 67.

69 Lynch, Peter; Rothchild, John, Aktien für Alle, Kulmbach 1992, S. 92.

70 Lynch, Peter; Rothchild, John, Lynch 3 – Der Weg zum Börsenerfolg, Kulmbach 1997, S. 166.

71 Lynch, Peter; Rothchild, John, Aktien für Alle, Kulmbach 1992, S. 77.

72 Lynch, Peter; Rothchild, John, Lynch 3 – Der Weg zum Börsenerfolg, Kulmbach 1997, S. 166.

73 Lynch, Peter; Rothchild, John, Aktien für Alle, Kulmbach 1992, S. 77.

74 Lynch, Peter; Rothchild, John, One up on Wall Street, New York, 1989, S. 70.

75 Lynch, Peter; Rothchild, John, Beating the Street, New York 1994, S. 16f.

76 Lynch, Peter; Rothchild, John, Der Börse einen Schritt voraus, Kulmbach 2018, S. 72.

77 Lynch, Peter; Rothchild, John, One up on Wall Street, New York, 1989, S. 71.

78 Lynch, Peter; Rothchild, John, Der Börse einen Schritt voraus, Kulmbach 2018, S. 72.

79 Lynch, Peter; Rothchild, John, Der Börse einen Schritt voraus, Kulmbach 2018, S. 74.

80 Lynch, Peter; Rothchild, John, One up on Wall Street, New York, 1989, S. 273.

81 Lynch, Peter; Rothchild, John, One up on Wall Street, New York, 1989, S. 270.

82 Lynch, Peter; Rothchild, John, One up on Wall Street, New York, 1989, S. 270.

83 Lynch, Peter; Rothchild, John, Aktien für Alle, Kulmbach 1992, S. 28.

84 Lynch, Peter; Rothchild, John, Der Börse einen Schritt voraus, Kulmbach 2018, S. 17.

85 Vgl. Train, John, Die Formeln der Erfolgreichsten II, München 2006, S. 214.

86 Lynch, Peter; Rothchild, John, Lynch 3 – Der Weg zum Börsenerfolg, Kulmbach 1997, S. 19.

87 Lynch, Peter; Rothchild, John, Aktien für Alle, Kulmbach 1992, S. 29.

参考文献

88 Lynch, Peter; Rothchild, John, Aktien für Alle, Kulmbach 1992, S. 178.

89 Lynch, Peter; Rothchild, John, Aktien für Alle, Kulmbach 1992, S. 12.

90 Lynch, Peter; Rothchild, John, Aktien für Alle, Kulmbach 1992, S. 97.

91 Lynch, Peter; Rothchild, John, Aktien für Alle, Kulmbach 1992, S. 102.

92 Lynch, Peter; Rothchild, John, Aktien für Alle, Kulmbach 1992, S. 101.

93 Lynch, Peter; Rothchild, John, Aktien für Alle, Kulmbach 1992, S. 329.

94 Lynch, Peter; Rothchild, John, Der Börse einen Schritt voraus, Kulmbach 2018, S. 111.

95 Lynch, Peter; Rothchild, John, Aktien für Alle, Kulmbach 1992, S. 174.

96 Lynch, Peter; Rothchild, John, One up on Wall Street, New York, 1989, S. 42.

97 Lynch, Peter; Rothchild, John, Der Börse einen Schritt voraus, Kulmbach 2018, S. 120.

98 Lynch, Peter; Rothchild, John, Learn to Earn, New York 1995, S. 158.

99 Lynch, Peter; Rothchild, John, Lynch 3 – Der Weg zum Börsenerfolg, Kulmbach 1997, S. 176.

100 Lynch, Peter; Rothchild, John, Der Börse einen Schritt voraus, Kulmbach 2018, S. 120.

101 Lynch, Peter; Rothchild, John, Der Börse einen Schritt voraus, Kulmbach 2018, S. 212.

102 Arnold, Glen, Die größten Investoren aller Zeiten, Kulmbach 2012, S. 204.

103 Lynch, Peter; Rothchild, John, One up on Wall Street, New York, 1989, S. 199.

104 Lynch, Peter; Rothchild, John, Der Börse einen Schritt voraus, Kulmbach 2018, S. 211.

105 Lynch, Peter; Rothchild, John, Lynch 3 – Der Weg zum Börsenerfolg, Kulmbach 1997, S. 214.

106 Lynch, Peter; Rothchild, John, Der Börse einen Schritt voraus, Kulmbach 2018, S. 90.

107 Lynch, Peter; Rothchild, John, One up on Wall Street, New York, 1989, S. 173.

108 Lynch, Peter; Rothchild, John, Der Börse einen Schritt voraus, Kulmbach 2018, S. 253.

109 Lynch, Peter; Rothchild, John, One up on Wall Street, New York, 1989, S. 202.

110 Lynch, Peter; Rothchild, John, One up on Wall Street, New York, 1989, S. 202.

111 Lynch, Peter; Rothchild, John, Der Börse einen Schritt voraus, Kulmbach 2018, S. 262f.

112 Lynch, Peter; Rothchild, John, One up on Wall Street, New York, 1989, S. 207.

113 Lynch, Peter; Rothchild, John, Der Börse einen Schritt voraus, Kulmbach 2018, S. 264.

114 Lynch, Peter; Rothchild, John, One up on Wall Street, New York, 1989, S. 209.

115 Lynch, Peter; Rothchild, John, Der Börse einen Schritt voraus, Kulmbach 2018, S. 267.

116 Lynch, Peter; Rothchild, John, One up on Wall Street, New York, 1989, S. 214.

117 Lynch, Peter; Rothchild, John, Der Börse einen Schritt voraus, Kulmbach 2018, S. 274.

118 Lynch, Peter; Rothchild, John, Der Börse einen Schritt voraus, Kulmbach 2018, S. 274.

119 Lynch, Peter; Rothchild, John, One up on Wall Street, New York, 1989, S. 215.

120 Lynch, Peter; Rothchild, John, Der Börse einen Schritt voraus, Kulmbach 2018, S. 277.

121 Vgl. Lynch, Peter; Rothchild, John, Der Börse einen Schritt voraus, Kulmbach 2018,

S. 153ff.

122 Vgl. Train, John, Die Formeln der Erfolgreichsten II, München 2006, S. 222.

123 Lynch, Peter; Rothchild, John, Der Börse einen Schritt voraus, Kulmbach 2018, S. 170.

124 Vgl. Train, John, Die Formeln der Erfolgreichsten II, München 2006, S. 216.

125 Lynch, Peter; Rothchild, John, One up on Wall Street, New York, 1989, S. 149ff.

126 Lynch, Peter; Rothchild, John, Der Börse einen Schritt voraus, Kulmbach 2018, S. 18.

127 Vgl. Train, John, Die Formeln der Erfolgreichsten II, München 2006, S. 219f.

128 Lynch, Peter; Rothchild, John, Der Börse einen Schritt voraus, Kulmbach 2018, S. 233.

129 Lynch, Peter; Rothchild, John, Aktien für Alle, Kulmbach 1992, S. 107.

130 Vgl. Lynch, Peter; Rothchild, John, Aktien für Alle, Kulmbach 1992, S. 151.

131 Lynch, Peter; Rothchild, John, Aktien für Alle, Kulmbach 1992, S. 117.

132 Vgl. Train, John, Die Formeln der Erfolgreichsten II, München 2006, S. 215.

133 Lynch, Peter; Rothchild, John, Aktien für Alle, Kulmbach 1992, S. 107.

134 Lynch, Peter; Rothchild, John, Der Börse einen Schritt voraus, Kulmbach 2018, S. 221.

135 Lynch, Peter; Rothchild, John, Aktien für Alle, Kulmbach 1992, S. 107.

136 Lynch, Peter; Rothchild, John, One up on Wall Street, New York, 1989, S. 80.

137 Lynch, Peter; Rothchild, John, Der Börse einen Schritt voraus, Kulmbach 2018, S. 86.

138 Lynch, Peter; Rothchild, John, Lynch 3 – Der Weg zum Börsenerfolg, Kulmbach 1997, S. 171.

139 Lynch, Peter; Rothchild, John, Learn to Earn, New York 1995, S. 13.

140 Lynch, Peter; Rotchild, John, One up on Wall Street, New York, 1989, S. 240.

141 Lynch, Peter; Rothchild, John, Der Börse einen Schritt voraus, Kulmbach 2018, S. 307.

142 Lynch, Peter; Rothchild, John, Der Börse einen Schritt voraus, Kulmbach 2018, S. 21.

143 Balsinger, Peter; Werner, F. (Hrsg.), Die Erfolgsgeheimnisse der Börsenmillionäre, München 2016, S. 204.

144 Lynch, Peter; Rothchild, John, Lynch 3 – Der Weg zum Börsenerfolg, Kulmbach 1997, S. 270.

145 Lynch, Peter; Rothchild, John, Der Börse einen Schritt voraus, Kulmbach 2018, S. 100.

146 Lynch, Peter; Rothchild, John, One up on Wall Street, New York, 1989, S. 237.

147 Lynch, Peter; Rothchild, John, Aktien für Alle, Kulmbach 1992, S. 39.

148 Lynch, Peter; Rothchild, John, Beating the Street, New York 1994, S. 226.

149 Lynch, Peter; Rothchild, John, Aktien für Alle, Kulmbach 1992, S. 330.

150 Lynch, Peter; Rothchild, John, Der Börse einen Schritt voraus, Kulmbach 2018, S. 90.

151 Lynch, Peter; Rothchild, John, One up on Wall Street, New York, 1989, S. 243.

152 Vgl. Lynch, Peter; Rothchild, John, Beating the Street, New York 1994, S. 305ff.

153 Lynch, Peter; Rothchild, John, Beating the Street, New York 1994, S. 15.

参考文献